陳布雷從政日記

（1937）

The Official Diaries of Chen Pu-lei, 1937

民國日記 ｜ 總序

呂芳上
民國歷史文化學社社長

　　人是歷史的主體，人性是歷史的內涵。「人事有代謝，往來成古今」（孟浩然），瞭解活生生的「人」，才較能掌握歷史的真相；愈是貼近「人性」的思考，才愈能體會歷史的本質。近代歷史的特色之一是資料閱富而駁雜，由當事人主導、製作而形成的資料，以自傳、回憶錄、口述訪問及日記最為重要，其中日記的完成最即時，描述較能顯現內在的幽微，最受史家重視。

　　日記本是個人記述每天所見聞、所感思、所作為有選擇的紀錄，雖不必能反映史事整體或各個部分的所有細節，但可以掌握史實發展的一定脈絡。尤其個人日記一方面透露個人單獨親歷之事，補足歷史原貌的闕漏；一方面個人隨時勢變化呈現出不同的心路歷程，對同一史事發為不同的看法和感受，往往會豐富了歷史內容。

　　中國從宋代以後，開始有更多的讀書人有寫日記的習慣，到近代更是蔚然成風，於是利用日記史料作歷史

研究成了近代史學的一大特色。本來不同的史料，各有不同的性質，日記記述形式不一，有的像流水帳，有的生動引人。日記的共同主要特質是自我（self）與私密（privacy），史家是史事的「局外人」，不只注意史實的追尋，更有興趣瞭解歷史如何被體驗和講述，這時對「局內人」所思、所行的掌握和體會，日記便成了十分關鍵的材料。傾聽歷史的聲音，重要的是能聽到「原音」，而非「變音」，日記應屬原音，故價值高。1970 年代，在後現代理論影響下，檢驗史料的潛在偏見，成為時尚。論者以為即使親筆日記、函札，亦不必全屬真實。實者，日記記錄可能有偏差，一來自時代政治與社會的制約和氛圍，有清一代文網太密，使讀書人有口難言，或心中自我約束太過。顏李學派李塨死前日記每月後書寫「小心翼翼，俱以終始」八字，心所謂為危，這樣的日記記錄，難暢所欲言，可以想見。二來自人性的弱點，除了「記主」可能自我「美化拔高」之外，主觀、偏私、急功好利、現實等，有意無心的記述或失實、或迴避，例如「胡適日記」於關鍵時刻，不無避實就虛，語焉不詳之處；「閻錫山日記」滿口禮義道德，使用價值略幾近於零，難免令人失望。三來自旁人過度用心的整理、剪裁、甚至「消音」，如「陳誠日記」、「胡宗南日記」，均不免有斧鑿痕跡，不論立意多麼良善，都會是史學研究上難以彌補的損失。史料之於歷史研究，一如「盡信書不如無書」的話語，對證、勘比是個基本功。或謂使用材料多方查證，有如老吏斷獄、

法官斷案，取證求其多，追根究柢求其細，庶幾還原案貌，以證據下法理註腳，盡力讓歷史真相水落可石出。是故不同史料對同一史事，記述會有異同，同者互證，異者互勘，於是能逼近史實。而勘比、互證之中，以日記比證日記，或以他人日記，證人物所思所行，亦不失為一良法。

從日記的內容、特質看，研究日記的學者鄒振環，曾將日記概分為記事備忘、工作、學術考據、宗教人生、游歷探險、使行、志感抒情、文藝、戰難、科學、家庭婦女、學生、囚亡、外人在華日記等十四種。事實上，多半的日記是複合型的，柳貽徵說：「國史有日歷，私家有日記，一也。日歷詳一國之事，舉其大而略其細；日記則洪纖必包，無定格，而一身、一家、一地、一國之真史具焉，讀之視日歷有味，且有補於史學。」近代人物如胡適、吳宓、顧頡剛的大部頭日記，大約可被歸為「學人日記」，余英時翻讀《顧頡剛日記》後說，藉日記以窺測顧的內心世界，發現其事業心竟在求知慾上，1930 年代後，顧更接近的是流轉於學、政、商三界的「社會活動家」，在謹厚恂恂君子後邊，還擁有激盪以至浪漫的情感世界。於是活生生多面向的人，因此呈現出來，日記的作用可見。

晚清民國，相對於昔時，是日記留存、出版較多的時期，這可能與識字率提升、媒體、出版事業發達相關。過去日記的面世，撰著人多半是時代舞台上的要角，他們

的言行、舉動，動見觀瞻，當然不容小覷。但，相對的芸芸眾生，識字或不識字的「小人物」們，在正史中往往是無名英雄，甚至於是「失蹤者」，他們如何參與近代國家的構建，如何共同締造新社會，不應該被埋沒、被忽略。近代中國中西交會、內外戰事頻仍，傳統走向現代，社會矛盾叢生，如何豐富歷史內涵，需要傾聽社會各階層的「原聲」來補足，更寬闊的歷史視野，需要眾人的紀錄來拓展。開放檔案，公布公家、私人資料，這是近代史學界的迫切期待，也是「民國歷史文化學社」大力倡議出版日記叢書的緣由。

導言

劉維開
國立政治大學歷史學系教授

一

　　陳布雷（1890年11月15日－1948年11月13日），
浙江慈谿人，原名訓恩，字彥及，筆名布雷、畏壘。早年
為記者，之後從政，歷任國民政府軍事委員會侍從室第二
處主任、國防最高委員會副秘書長、中國國民黨中央政治
委員會秘書長等職，是蔣中正在大陸時期最倚重的幕僚，
信任之專，難有相比者。從政日記，開始於1935年3月1
日，終止於1948年11月11日逝世前夕，前後十三年又八
個月。事實上，在此之前亦有日記，1935年10月12日，
陳氏曾「整理舊篋，得民國十一年之舊日記三冊，重讀一
過，頗多可回味之處。」然這部份的日記至今並未得見，
僅能於其《回憶錄》了解一二。

二

　　關於《陳布雷從政日記》的流傳經過，陳氏八弟
陳叔同應《傳記文學》社長劉紹唐之邀，撰〈關於陳布雷

日記及其他〉（《傳記文學》第55卷第5期，1989年11月）一文說明。根據陳叔同的記述，陳布雷逝世後，家屬曾將其於1936年及1940年所撰寫之《回憶錄》，即出生至五十歲止之求學與工作經歷，以原始親筆墨蹟於1949年初出版。「不久時局危殆，政府各機關紛紛撤離大陸，正當上海行將淪陷之際，又匆匆將布雷先生自民國二十四年一月起至三十七年十一月十二日其逝世前夕止的親筆日記，全部以拍照縮製卅五米厘微膠卷，裝置小盒，由大陸帶出，分藏於美、臺各家人手中；而日記原稿數十冊，仍留置上海無法運走。」「日記原稿，為毛筆字書寫之十行紙簿本，整十三年之日記，多達數十冊，約五百七十萬字。經製作微膠卷，重僅三百公克，雖當時製作微膠卷技術，遠不如今日，但能安全攜出布雷先生日記於自由地區，實為一大幸事。」日記膠卷攜出後，陳氏家屬一直未作任何處理，至1961年間，臺北方面家屬考慮日記閱讀方便，並能妥善保存，認為似宜設法排印，乃先將每一膠片沖印為5乘7英吋照片，達可直接目視閱讀之程度，以利排版，復由陳布雷六弟陳訓悆於《香港時報》社長任內，在香港排印三十部，每部五冊。

　　陳布雷日記之排印本，起自1935年3月1日。先是陳氏於1934年5月受蔣中正延攬，任軍事委員會委員長南昌行營設計委員會主任。1935年2月，蔣氏修改侍從室組織，分設一、二兩處，以陳氏為侍從室第二處主任兼第五組組長。3月1日，軍事委員會委員長武昌行營成立，陳

氏參加成立典禮，並於是日起始為日記，謂：「自三月起始為日記，自是日日為之，未嘗中輟焉」。日記結束於1948 年 11 月 11 日，為逝世前二日，時任中國國民黨中央政治委員會秘書長。因日記所涉時間，為陳氏從事政務階段，家屬乃將其題名為「陳布雷先生從政日記」。復以「布雷先生從事黨政工作數十年，雖無顯赫官位，但大部時間，均為輔佐決策當局，暨任總裁文字之役，其內容多涉當時決策及中樞官員，我家人亦深知布雷先生日記之發表殊非所宜」（陳叔同文），因此於題名加「稿樣」兩字，為「陳布雷先生從政日記稿樣」，表示僅為樣書並非正式出版品，由居住在大陸以外地區之家屬各自保存，作為紀念。2016 年 1 月，美國史丹福大學胡佛檔案館宣布由陳布雷侄兒陳迪捐贈的陳布雷日記將完整對外公開。陳迪為陳訓念長子，因陳布雷日記原件目前藏在南京的中國第二歷史檔案館，該日記應為當年排印《陳布雷先生從政日記稿樣》之依據。

三

《陳布雷先生從政日記稿樣》完成後，並未對外界透露，僅由陳訓念檢送一套呈報蔣中正鑒核。至 1988 年2 月，南京中國第二歷史檔案館出版的《民國檔案》刊登〈陳布雷日記選－1936 年 1 月－2 月〉，首度揭露陳布雷有日記存世。次（1989）年底，臺北《傳記文學》轉載

〈陳布雷日記選－1936年1月－2月〉，同時發表前述陳
叔同撰寫之〈關於陳布雷日記及其他〉一文，外界始知除
日記外，尚有日記排印本由家屬保管。

對於《民國檔案》及《傳記文學》刊登陳氏日記一
事，陳叔同於該文中表示「時至今日，此一四十年前涉及
政務黨務之私人日記，早因時移世遷，當事人十九亡故，
再無密而不宣之必要」，但為避免日記出現刪節或斷章取
義等問題，「亟願布雷先生日記持有人，能儘早主動予以
公開發表，以減少其被竄改與造謠欺世之機會」。《傳記
文學》社長劉紹唐亦於該文文末「編者按」中，表示：
「本刊正試洽此一日記稿本交由本刊連載之可能性」，然
似乎未有結果。2002年9月，陳氏長孫陳師孟出任總統府
秘書長後，將《陳布雷先生從政日記稿樣》全套五冊捐贈
國史館典藏，並同意提供研究者參閱。此後，陳布雷日
記排印本正式對外公開，研究者得以參閱，撰寫相關主
題。其中東海大學歷史研究所沈建億在呂芳上教授指導
下，完成碩士論文《蔣介石的幕僚長：陳布雷與民國政治
（1927-1948）》，為日記公開後，第一篇以陳布雷為主
題進行研究之學術論文，內容嚴謹，頗受外界好評。

留置在上海之陳布雷日記原稿，據復旦大學歷史文
獻學博士鞠北平在其學位論文《陳布雷文獻資料研究——
從議政到從政》中敘述，文化大革命時被抄家抄走，後來
輾轉流傳到了上海市檔案館。文化大革命結束後，上海市
檔案館將日記歸還家屬，家屬復將日記原件捐獻南京中

國第二歷史檔案館。該館於1988年在《民國檔案》第一
期上，選刊1936年1至2月日記的內容，之後未再繼續，
原件迄今未對外公開。目前大陸方面有兩個日記版本曾
經為研究者運用。一是由陳布雷二子陳過保存之《畏壘室
日記》影印件，該件據《陳布雷大傳》作者王泰棟轉述陳
過說明，乃因日記原稿委託中國歷史第二檔案館保管，該
館依例複印三套給家屬，此為其中一套，共二十九本，自
1935年2月至1948年11月11日，缺1941年上半年一本。
王泰棟撰寫《陳布雷大傳》、《陳布雷日記解讀——找尋
真實的陳布雷》及寧波大學戴光中撰〈從陳布雷日記看其
晚年心態〉等，乃依照此版本。一是上海市檔案館之抄寫
本，該館將日記原稿歸還陳布雷家屬時，曾經留下了複印
本，爾後由複印本衍生出抄寫本。鞠北平撰寫博士論文時
所參考陳氏日記，即是其導師、上海市檔案館研究館員
馮紹霆提供的抄寫本。抄寫本的內容從1935年3月1日到
1948年6月30日，缺少最後四個半月。

四

　　日記是研究歷史人物的重要素材，不僅可以研究傳
主一生經歷與思想，同時也可以研究與其相關人物之生平
與思想。陳布雷日記每日以敘事性方式記錄，自起床至就
寢，整日的工作情況，時間、地點、人物相當明確，內容
包括處理公務、會客、出訪、談話等，簡要翔實，1935

年、1936年日記並有摘錄各方呈送報告內容，實際上就
是他的工作日誌。1935年，陳氏曾隨蔣氏至四川、貴
州、雲南等地巡視，對於地方政情及風俗民情多有記錄，
可作為抗戰前中央對於西南地區理解之參考。

　　陳氏亦於日記中記錄其自我檢討或對人事之個人意
見，為理解其心態之重要參考。如1935年7月27日，陳
氏以長篇文字反省其短處，列出八項缺點，以及四項「急
救之道」與應學習對象，曰：「今晨澈底自省余之短處，
不一而足，憤世太深而不能逃世，此一病也。自待甚高，
而自修不足，此二病也。既否定自身之能力，而求全好勝
名心未除此三病也。憤激之餘，流於冷漠，對人對己均提
不起熱情，甚至事務頹弛，酬應都廢，而託於淡泊以自解
此四病也。對舊友新交，親疏冷暖，往往過當，有時興酣
耳熱，則作交淺言深之箴規，無益於人，徒滋背憎此五病
也。對於後進祇知獎掖，不知訓練，又不知保持分際之重
要，對於部屬，祇知涉以情感，不知繩以紀律，此六病
也。對於公務，不知迅速處理，又不能適當支配，遲迴審
顧，遂多擱置，此七病也。手頭事務不能隨到輒了，而心
頭時常牽憶不已，徒擾神思，益減興趣，此八病也。受病
已深，祛之不易。但既不能逃世長往，則悠悠忽忽，如何
其可。急救之道宜從簡易入手。一、戒遲眠；二、戒多
言；三、勿求全；四、勿擱置太久。（五日一檢查）其在
積極方面：安詳豁達，宜學幾分大哥之長處；熱情周至，
宜學幾分四弟之長處；處事有條理宜學幾分黎叔之長處；

交友處世，不脫不黏，宜學幾分佛海之長處；循此行之，庶寡尤悔乎。」在1935年11月中國國民黨五全大會之後，陳氏深感體力心力交疲，兼以黨政機構改組以後，人事接洽，甚感紛紜，乃向蔣氏請准病假一月，杭州養病。在此期間，陳氏對於自身精神狀況多有檢討，如12月20日記道：「自念數年來所更歷之事，對余之志趣無一脗合、表面上雖強自支持，而實際無一事發於自己之志願。牽於情感，俯仰因人。既不能逃世長往，又不能自伸己意。至于體認事理，則不肯含胡，對於責任又過分重視。體弱志強心嬴力絀。積種種矛盾痛苦之煎迫，自民十六年至今，煩紆抑鬱，無日而舒，瀕於狂者屢矣。每念人生唯狂易之疾為最不幸，故常於疾發之際，強自克制，俾心性得以調和。亦賴友朋相諒，遇繁憂錯亂之時，往往許以休息，然內心痛苦，則與日俱深。頗思就所經歷摹寫心理變遷之階段，詳其曲折，敘其因由，名曰『將狂』，作雜感式之紀述，或亦足供研究心理變態者之參考也。」

　　陳布雷交遊甚廣，在日記中留下了大量的交往記錄，大體而言，可以分為幾個部分：家人、早年就讀浙江高等學校的同學、任教寧波效實中學之同事、新聞圈友人、侍從室同僚、中央及地方黨政人士等，其中尤以最後兩部分在日記所佔分量最多，有時亦會記下對人的品評或個人感想，頗具參考價值。如1936年10月26日，聞湖北省政府主席楊永泰於前一日在漢口碼頭遇刺身亡，記道：「暢卿為人自負太高，言論行動易開罪於人，一般對之毀

譽不一，然其負責之勇，任事之勤，求之近日從政人員中
亦不可多得。竟死非命，至足惜也。」陳氏與楊永泰共事
頗久，此段評論，當為近身觀察所得，可為理解楊氏行事
之參考。再如1936年12月7日，陳氏閱報知黃郛因肝癌
病逝，記道：「黃氏智慮周敏，富於肆應之才，然兩次當
外交之衝，均蒙惡名以去，病中鬱鬱，聞頗不能自解，竟
以隕身，亦時代之犧牲者。」此段記述對於理解黃郛，乃
至黃氏與蔣中正關係之變化，提供了若干訊息。

　　另一方面，陳氏作為蔣中正之重要幕僚，除代擬文
稿、參與會議外，日常與蔣氏接觸頻繁，亦常奉指示，就
重要決策徵詢黨政相關人士意見，這些過程往往記錄於日
記，提供理解蔣氏之側面資料。如1936年5月，陳氏隨侍
蔣氏自廬山返京，於九江搭艦至蕪湖，途中與蔣氏作三十
分鐘之談話，詳述其對於國事之觀察及自身心理煩悶之由
來，蔣氏勸其注意身體，以和而不同為立身之準則，記
道：「委員長謂：種種消極悲觀，多由身體衰弱而起，宜
節勞攝生，對人對事則仍須保持獨立之見解，以和而不同
為立身之準則可耳。」（5月4日）是年9月，成都事件、
北海事件相繼發生，中、日兩國緊張情勢升高，蔣氏時在
廣州，各方催促其返回南京之電報不斷，陳氏於23日記
道：「行政院各部會長昨聯電促委員長歸京，今日孔副院
長亦來電請歸京主持，均奉批『閱』字，但對余言：此間
事畢，則歸京耳。」復記：「晚餐畢，委員長來侍從室，
命予同往散步。旋同至官邸，侍談甚久。見委員長從容鎮

定，對國內政治等仍從容處理。略談外交形勢，亦不如京中諸人之憂急無措，但微窺其意，當亦以大計無可諮商為苦。」再如1948年4月，中國國民黨六屆臨時中全會堅持欲推蔣中正為行憲第一任總統候選人，與蔣氏原意不合，6日晚，蔣氏與陳談話一小時餘，談話內容如何，不得而知，但陳氏於次（7）日日記記錄對蔣談話之感想，曰：「追繹委座昨日之談話，知其對中樞散漫情形甚關懷念，然積習相沿，遺因已久，蓋在第四次代表大會時始矣。今日欲圖補救，確非重振綱紀不可。此決非另起爐灶之謂，實應痛下決心，由中樞諸人衷心懺悔，改革制度，改革作風，刷新人事，多用少壯幹部。而任用幹部，則以公誠與能力為第一標準，如此一新耳目，庶克有濟。今日領袖不能再客氣姑息，黨員不能再諉過塞責了事，非一新耳目，不足以使本黨存在，以號召國人。然環顧黨中能自反自訟者寥若晨星，新幹部亦未作適當之培養，念之殊為憂心悄悄也。」4月12日，蔣氏主持總理紀念週講話，內容關係黨紀黨德及對部分國大代表主張修憲之意見，次日《中央日報》僅有六行的篇幅報導。陳氏則於日記記錄蔣講話重點：「注重黨德，遵守黨紀，決不可以私害公，亦不可對外自損黨的信譽。現值非常時期，應知國恥重疊，國難嚴重，切不可議論紛紜，使大會曠日持久，遷延時日。要知拖延大會日期，使吾人不能專心努力於戡亂，正為共產黨所求之不得者。至於憲法未始不可修改，然此次以不修改為宜，即或顧及戡亂時期之臨時需要，亦應以其他方法求

變通之道。關於擴大國民大會職權及設置常設委員會，萬
不可行。至戡亂完畢時，自可召集第二次大會。」對於探
討蔣氏之心態，具有相當參考價值。

陳氏於1948年11月13日去世，1948年為其最後一
年日記，而該年亦是中華民國實施憲政的第一年。行憲伊
始，對於政府而言，各種問題，紛至沓來，陳氏周旋其
間，精神負擔沉重，對黨內諸多現象，憂心不已，於日記
中多有反映，深感「黨內情形複雜，黨紀鬆弛，人自為
謀，不相統屬」，（5月5日）藉由其日記所記，不僅可
以揣度陳氏在這一年之心境轉折，亦可知除軍事之外，
政府與蔣中正在政治上所面臨的困境，對於1949年大變
局，能有更深一層的理解。

《陳布雷先生從政日記稿樣》自史政機構對外公開
後，數十年來已廣為學者參閱，相關研究著作陸續出現。
然《陳布雷先生從政日記稿樣》原意並非提供研究之用，
閱讀上仍有不便。今民國歷史文化學社以該書為基礎，重
予校對排印，公開出版，以期為民國史研究者提供重要參
考資料。此不僅對國民政府、軍委會內部運作之研究、對
蔣中正研究，以及民國史相關研究，均具重要意義。對陳
布雷個人，其文字造詣深，忠勤任事，而生活淡泊，日記
記事更給予後人諸多啟示。

編輯凡例

一、本套日記為原東南印務出版社編印，但最終並未發行之《陳布雷先生從政日記稿樣》，自1935年3月1日起，至1948年11月11日止。

二、本套日記依原東南印務出版社編印之版本，重新以橫式排版，與原書排版方式不盡相同。

三、古字、罕用字、簡字、通同字，在不影響文意下，改以現行字標示；原手民誤植之處則直接修正，恕不一一標注。

四、部分內容為便利閱讀，特製成表格，並將中文數字改為阿拉伯數字。

目　錄

民國 26 年
1月1日　星期五　晴

　　晨八時起。晨起稍遲，未及往謁總理陵墓。

　　八時卅分往中央黨部參加紀念典禮，在第一會議廳小坐，九時接電話，即往官邸見委員長，承命代表往賀林主席，遂驅車至國府參加國府紀念。旋即偕許文書局長往主席官邸謁賀。主席餉以糖果。惕生、楚傖、立夫諸君皆在彼，小坐即出。擬往訪默君夫人未果。十一時返軍會，偕粵代表李煦寰、桂代表劉為章進見委員長，並晤張外長。旋為侍從室同人赴陝諸員請慰恤金。十二時侍從室舉行團拜禮，同人均集，余致詞訓勉，以此後國事將入一新階段，吾輩責任更重。以後於服從守紀以外，更應就本分以內發揮獨立負責之精神。萬事應不待督促而矢勤矢勇以赴之。十二時卅分禮畢，在餐廳敘餐，合坐六席。余以同人交酬三爵，覺微醉，小憩卅分再往見委員長。確定明日赴奉人員名單，項副官望如、莫組長我若來談。三時力子先生來訪，談陝、甘善後情形及變亂中彼夫婦受困經過，為之感嘆不置。旋季鸞來長談。五時偕謁委員長，談至六時卅分始別。以明日將行，料理諸件，並閱文電十餘件。七時歸寓晚餐，泉兒及辟塵姪孫來賀歲，兩次以電話詢楚傖均不在，留書與之。整理行裝訖，十時就寢。

1月2日　星期六　晴

　　晨六時四十五分起，楚傖已在客室相候，盥洗畢，

匆匆下樓與之晤談。知敬之等對張之處分尚有研究。七時二十分偕楚傖同至官邸謁見委員長，立夫、健羣、紀常諸兄均來送行。八時一刻先到機場相候，八時卅五分乘容克機起飛，鄭祖穆醫師同行。上機後委員長即掩窗而臥，余亦閉目靜息。今日天氣晴美，機行穩速，十時十五分抵櫟社機場，即換乘汽車（余及鄭醫師與委員長及其甥同一車）赴奉。在機場歡迎者有養如、次勝及威博、菊庭、煥章、季真各校長，匆匆招呼，未詳談也。十一時五分到溪口，先至介卿先生靈前行禮，弔客到者甚多。與琢堂、新之、儒堂諸先生略一寒暄，即至武嶺學校休息。與張主任述耘（愷）及方秀夫同學談。張主任餉以本農場罐裝之楊梅及溪口土產之千層餅，饑渴頓已。一時與鄭醫官到魚鱗岙之坟莊。委員長以今日步行過多，精神疲頓之至，午餐後始稍復原，招往略談。拍發林主席及閻百川各一電，報告已到奉化。二時卅分自覺疲極上床小睡，夢境離奇，腦筋不寧極矣。直至四時五十分始強起，則覺精神悉已恢復。青儒、霞天、望俶諸兄來談，驪先亦來山，未晤及也。晚餐後與委員長談時局，拍致川、粵、桂、冀、魯、滇等處電多件，並電告馮煥章。十時卅分寢。

1月3日　星期日　晴

　　晨七時十五分起。昨晚睡極酣適，僅中夜一時許，醒一次。

　　盥洗畢至山後散步，日光煦暖，空氣鮮澄，使精神

為之一振。早餐畢，承命發致楚傖、敬之等覆電各一件，
又發谷紀常一電。汪組長、俞書記先後來送來普通電八、
九件，擇其重要者口頭報告之，餘均酌量辦覆。十時卅分
自誠來談，攜來西安發行之日報三、四種，均二十八日出
版者，觀其言論可知其背景矣。午後與何部長通長途電話
二次，又與立兄在電話中接談二次，知留陝飛機第九隊午
後已飛回矣。以疲甚小睡，爐火太熾，竟不易醒。四時子
文、亮疇、伯聰、儒堂及企虞諸君來山，並偕至王太夫人
墓前瞻禮焉。子文來余室談卅分鐘，其處境之艱，殊堪同
情。委員長約諸君晚餐，以子文初次到奉化，堅請其多住
一、二天，子文以明日出席國府會議，約他日再來。晚餐
畢，諸君均下山赴甬。接楚傖第二電即赴之。客散後閱報
讀書，至十時卅分就寢。

1 月 4 日　星期一　晴

晨七時起。昨晚睡足八小時，今晨精神甚佳。

接周至柔、毛邦初等來電，知飛機第九隊計二十架均
已抵京，現留陝、甘者尚有二十五架。又接京電三件，即
面陳委員長後覆之。代擬輓聯（委員長輓其兄介卿先生）
四十字：

人間難得是弟兄，豈期行役增憂，竟使參商成永訣。

地下倘應覲父母，為報餘生許國，終扶華夏慰吾親。

十一時下山到武嶺學校，巡視侍從室一週，核辦文
電九件。十二時返慈菴，張淮南君（即張冲）自京來，攜

到果夫函一件，淮南見委員長後稍談即下山赴滬。旋力子先生來，午餐後與余長談西安事變之遠因、近因及爆發經過甚詳。四時偕同下山，往奠介卿先生之靈畢，復至文昌閣前臨溪小坐，談今後大局之出路。五時卅分往訪王亮疇等，略談即出，仍偕回慈菴。七時與諸君共餐，餐畢辦發文電十一件。鄭醫師來談良久。鄭去後閱陝變中西安報紙，擇其宣傳文字之重要者黏存於別冊以作參考。十時卅分寢。

1月5日　星期二　雨、溫暖甚

晨七時卅分起。昨睡又極酣但多複雜之夢境。

發要電四、五件，侍委員長談卅分鐘，以為此後收拾時局，應從團結人心做到振作敵愾心，委員頗以為然。十時下山，到武嶺學校，接周至柔電，知在甘垣之飛機八架已離蘭州到寧夏。此後在陝、甘之飛機約計僅十七、八架。辦發文電八、九件，擇重要者留待請示再辦。表卿先生來談良久。侍從室一組續來多人，並不事先請示，一似來湊熱鬧也者，服務精神如此可慨極矣。十二時仍回慈菴，午餐畢，知石曾、子文先生均乘飛機來此。委員長以今日步行太久感頭暈，且精神殊疲，令從者告以須明日接談。旋子文先生派鄧士萍持函電來，請賜談五分鐘，但委員長已入睡，不得已電話託力子先生婉辭答之，並請留此一日，明日當偕往游山，以今日下雨也。子文以滬事繁，不願留，於四時乘原機飛滬，臨行託周企虞來山，向余說

明不得不即歸之故，遂以所留函電轉陳焉。魏伯聰及石曾先生均以六時來見，旋王、邵諸君亦同來晚餐。餐畢維庸攜函電十餘件來，即分別覆之，並以長途電話與敬之部長通話，知陝甘善後辦法已由政府明令發表。十時卅分寢。

1月6日　星期三　陰、轉寒

七時十分起。作家書一緘，又致四弟函一緘，即日以快信寄出。

八時卅分見委員長於慈菴之庭，有所報告。承命辦發電報三、四件。九時五十分下山，先至侍從室閱函電，即辦發覆電六、七件。何部長來電報告昨日提院之陝甘軍政善後方案。提先呈送親閱。荻浪秘書請假二日赴滬省母，許之。旋接見大公報記者孔昭愷君，接閱胡政之一函，附大美晚報消息一紙。嗣又代見詠霓、芝寶、伯揆、伯楨、謙夫、威博諸君，委員長均以醫囑未親見，囑余婉謝之。十一時卅分諸君辭去，與閻寶航君談甚久。閻君甫於三日自西安歸，其觀察與見解有頗與京中諸友不同之處。予告以處理西北問題應從國家常態與統一政令以對外之兩點上著眼。一時回慈菴，季寬來談，偕同午餐，餐畢諸君先行，力子先生留菴，與余詳談此後時局要點及全會以前之準備，至三時始別去。今日石曾先生轉杭赴滬，季寬亦乘輪先歸。客散後小憩約卅分鐘。四時卅分蔣國炳君來見委員長，以失敬遭訶斥而去。方之夫婦來訪，旋與鄭祖穆醫師閒談攝生之道。辦發文電七件，晚餐時亮疇、力子、企

虞、伯聰均來會餐。餐畢，以小考爾夫消遣。九時卅分始
散。閱報並抄錄要件。十時卅分接南京長途電話，與敬
之、培根通話，知楊虎城昨發表通電，抗命之意漸露，
十一時十五分寢。

1月7日　星期四　稍暖

七時五十分起。昨睡稍遲，略有失眠。

王亮疇先生等均以午前赴杭州，適有要件待辦，不
及下山送行。九時卅分力子先生來慈菴，偕同進見委員
長，為談在西安十二日至十五日之情形及對張前後談話要
點，命筆記之。委員長口述甚詳，余未諳速記，不能盡錄
之。只覺懍然正氣，絲毫不苟，足以折服一切也。向午戴
雨農自京來，承命擬致張漢卿一函，勸其函勉陝將領服從
中央命令，即交雨農帶去。又覆楊虎城一電，力子先生頗
許為措詞得體，然彼等已五日通電，恐不能以文字動矣。
午後與力子先生詳談委員長左右需人之切及人選之難，相
對慨嘆久之。今日來去電特多，自晨至暮陸續不絕，總計
不下十餘件。趙志游來訪，不及接談也。閱委員長最近半
年之日記，每日三有修省自勉之語。六時子文先生亦再來
慈菴，與委員長研究陝情，晚餐後始別去。彼擬明日赴
滬，九日動身赴港，迎汪先生也。夜與何部長通話一次，
又與立夫兄通話一次，續辦文電九件，直至十時始畢事。
今日接允默來函，囑予勿過勞。又接友人函三、四件。
十二時寢。

　　夜續閱委員長蒙難期內之日記，不覺夜深。摘記其
每日自省自勵之格言於下：
　　（十二日）成仁取義。
　　（十三日）生而辱，不如死而榮。
　　（十四日）明禮義、知廉恥，今日幸能無負。
　　（十五日）以至暫至輕之痛苦，得永久永生之勝利。
　　（十六日）人生何為，唯留正氣在人間耳。
　　（十七日）讀聖賢書，受聖明禮，此時不樹萬世之
　　　　　　　模楷，何以對生我之天地父母。
　　（十八日）臨難毋苟免，庶不愧為黃帝子孫。
　　（十九日）鼎鑊在前，刀鋸在後，人生死亡不過五
　　　　　　　分鐘而已。
　　（二十日）吾養吾浩然之氣。
　　（二一日）其為氣也至大至剛。
　　（二二日）其為氣也，取義與道無是餒也，是集義
　　　　　　　所生者，非襲義而取之也。
　　力子先生告我，張漢卿在西安事變中曾謂蔣先生思
想太右，滿腦筋都是史可法、文天祥，與現在毋乃不合。
力子笑謂之曰：人格事大，生死事小，無左右新舊一也。

1月8日　星期五　雨

　　晨八時四十五分起昨睡太遲，今晨又陰雨，故晨起
特遲。
　　接山下電話，知徐次宸等均已到溪口，擬下山晤之。

適維庸送到要電數件，即面陳於委員長辦發之。十時卅分下山至文昌閣接見川代表傅常、劉航琛，寧夏代表蘇連元（甘肅人，寧夏高等法院院長），並與寧夏省駐京辦事處長周志觀（閩人）談該省近況。旋三君均上山見委員長，徐乃至王宅，與洽卿、月笙、嘯天諸君周旋。賀貴嚴君亦以今晨到奉，晤談卅分鐘，仍上山與徐、傅、劉諸君同午餐。餐畢，辦發要電八、九件。二時卅分洽老等均來見，委員長禮接之，表示極誠摯之情意。洽甚健談，所以均率直，歷四十分鐘辭去。余覺倦甚，乃上床小憩，至四時五十分始醒。葛秘書等來談，與何部長通長途電話二次，知西安明日將有大批代表到洛陽。六時接楊虎城來電，邀求制止軍隊西進。又接笠電，知漢卿明日派員赴西安，攜手函三緘，分致（一）全體；（二）楊；（三）東北將領。奉委員長諭：將內容摘告劉、顧。次宸、貴嚴上山，再謁委員長，晚餐後去。俞書記攜來文電六、七件，即請示辦覆之，至九時五十分始畢事。閱報、洗浴並作私函二緘。十一時卅分寢。今日委員長有第三電致經扶、墨三。指示周詳切當，而不願內戰之意充滿行間，閱之令人感動。

1月9日　星期六　陰晴、稍暖

晨八時起。昨晚睡眠不佳，晨起略有頭痛，鄭醫云，殆氣候變化故也。

核辦文電八件，簽呈委員長請派員接充第三組組長，未奉批，殆難其選也。

接楊虎城來電，措詞尚和緩，但仍要求張回陝及中央軍東撤。陝變一時未易了矣。午刻承命擬楊虎城魚電，剴切回告以須接受中央命令。閱定後一時發出。韓向方代表唐佛哉來見，委員長作一函交其帶去。唐言辭鄙俗，余強與周旋，意頗不耐。以此更覺委員長之苦辛。蓋其終年所接之賓客，如此類者不一而足，皆須耐心以溫詞禮貌接之，其苦可知矣。午餐後唐始去。小憩四十分鐘合眼靜養，未入睡也。接雨農長途電話，知王化一、吳瀚滔今日飛西安，顧墨三亦派一人同往（繼知為祝紹周）。傍晚莫柳忱、劉敬輿自滬轉杭來此，委員長款宴之。莫、劉皆東北老輩，張漢卿頗疏遠之。然今晚彼二人談話則左袒張氏之氣味頗重，予旁聽之，不勝嘆喟。電報紛至，應接不暇，至十時始辦完。發第二號家書，十一時卅分寢。

1 月 10 日　星期日　晴

晨七時四十五分起。發大哥函並附去致八弟函。

八時邵存誠組長來談，決定以後關於軍事電報均送彼處擬辦，再送余轉呈，至錢主任銷假為止。並談現在陝、甘、寧等處軍隊之位置，同閱地圖，約卅分鐘。委員長交下批定電報六件，即辦發之。蕭速記自誠來報告赴京辦理死難同人善後之經過，攜示乃華撫棺時攝影二幀，睹之慘然淚下。此君遺影又將在余創傷之腦際刻一深痕矣。十時三刻戴雨農、李志剛來，志剛與余略談即入見。承命擬致楊虎城函稿，限二時繕畢。思緒繁亂，愈多愈趕不

出，至十二時草草書就，下山至文昌閣呈委員長核定。一
時午餐，餐畢，命張秘書謄繕與雨農在溪畔坐談以待之。
張師長（34D）洒葳欲見委員長，代為婉辭。至二時十分
繕畢，即交志剛帶去。雨農亦同行，由杭轉京，擬十二晨
飛西安。尚不知楊虎城是何心理，深恐諄諄之勸，不易動
其心也。四時方椒伯、袁履登、楊梅堂諸君堅欲見余，到
世和家中看之，乃為兵工廠地基事而來也，以慰問為由，
而目的唯在干請，真使人不耐，略與周旋即上山。疲甚小
睡至五時卅分始起，續辦文電十四件，晚餐後與南京通長
途電話二次，發致雨農轉志剛電，並摘呈情報，十時卅分
始畢事。今日接私人函件特多，事繁心躁，乃遷怒於維
庸，修養不夠，事後甚自慚悔。十二時卅分寢。

1月11日　星期一　晴

　　晨八時卅分起。昨晚就睡太遲，以參閱參考件過久，
不能成眠。

　　據偵獲之西安軍委會宣傳大綱：

　　（一）用武力保障張主任委員安全返陝，主持抗日
　　　　　大計；

　　（二）武力保障西北抗日根據地；

　　（三）聯合西北一切抗日力量；

　　（四）掃除漢奸與親日分子挑動內戰等語。

　　則其借名抗命之意向明矣。又據報：叛部在渭南會
議決定，南山、北山（即左右側翼）由赤擔任；張部右接

南山，跨渭河兩岸為正面之主力；楊部在張部左翼，左接北山；楊部警三旅開大荔西北。

　　汪組長荻浪本日銷假，來談處理公事之辦法，囑其兼為招待來賓。汪去後，摘記委員長蒙難時期經過之要點於別冊，以備編為別錄。既錄畢，覺張之輕忽，楊之陰狠，叛變中之無秩序，歷歷在目。

　　午徐次宸、賀貴嚴來同餐，三十四師張師長迺葳（靈百）亦來見。張為陝西鄠縣人，語言清晰有理致，來會客室坐談卅分鐘，深以中央發表駐地區之命令為太早也。傍晚辦發文電十三件，交二組五件。夜委員長與次宸、貴嚴研究西北善後之處置，至九時餘始散。與何通長途電話二次，楊虎城來電派米春霖來見。十一時寢。

1 月 12 日　星期二　晴

　　晨九時起。昨夜睡眠又不甚佳，今晨遂不能早起。

　　核辦文電十餘件，覺頭眩，出外散步。循蔣母墓道小徑上山，登眺久之而下。邵組長及丁參謀來見，商處理軍事情報手續，決定每日或每二日列簡表呈閱。以委員長精神未全復，不願過勞其神思也。十時卅分滇代表高、裴二君及龍繩武公子來見，奉命招待之。高極健談，十二時始別。子文先生自滬來，有所建議，委員長命貴嚴公使往南京商之，擬命張來奉化暫居而看管之，以移轉東北軍心理，亦可謂用盡方法以避免武力解決矣。與南京通長途電話二次，均與雨農接談。三時向委員長請假一天，擬赴甬

轉慈一行。得許可，即邀荻浪上山，四時卅分自溪口動
身，五時廿分到西門效實學校，與仲邕、箴五、鐵珊、天
麈諸老友會見，握談極歡。六時應威博之招，到其家晚
餐。遇健之表哥於巷口，蒼老多矣。趙七先生及詩城亦來
會，威博盛饌相餉，至感之。餐畢，返效實，威博集全校
學生邀余演講。為講「西安事變之經過及其後」，歷一小
時畢。與諸老友暢談，直至十一時尚不覺倦。以箴五欲歸
家乃散。是晚宿效實，臥葆光先生之榻，十二時卅分後始
入睡。

1月13日　星期三　晴

晨七時五十分起。訓清以早班火車赴葉家站省親。

效實學生請為其季刊題字，書孟子「何為知言」一
節付之。並與教職員同人在中山廳前合攝一影以留紀念。
九時一刻與威博偕赴慈谿，乘效實自備汽車，循鄞鎮及慈
駱路而往，不及一小時即到。路面平實，不亞於蕭紹段。
到南門下車，步行入城。即到外家謁見外舅姑，相見悲喜
交集，蓋外舅等盼念極矣。移時外伯舅亦來，絮絮詢余西
安變亂情況，深以余未入虎穴免卻一場驚恐為幸事。伯舅
言，此皆汝恬淡之報也。旋仲車師來，萬斯弟偕慈湖兩職
員亦來會，外舅治酒肴命食，為盡三爵，感長者之恩如坐
春風中矣。午餐畢，往視三叔舅病風而舌僵，見余至，則
大喜。臨別略奉甘旨之敬，再卻而後受。又至外姑房中，
談家常瑣事，且囑余於三月十八日（陰曆二月初六日）必

挈妻兒到慈祝外舅八十壽，並以余面貌加潤為喜慰。然余
視外姑一年加老一年，為之凄然。以時晏不及往游慈湖一
視曉兒，遂別諸長者仍與威博到南門乘汽車歸甬。三時卅
分過泗洲塘，詩城邀入視察高工及正始初中新校舍，晤林
世欽君，長鬚已白其半，四時仍到效實，沈校長季真來談
四中近況，四時卅分別諸友循鄞奉車返溪口，一日之遊遂
畢，了卻一樁心事。在武嶺學校與學素談，並批辦文電
五、六件，仍返慈菴，知張已來奉，夜發楚、立長電一
件，委員長之命也。閱報理雜件，十一時寢。

1月14日　星期四　晴

九時許起。昨晚睡眠太少，遂晏起至此。接第三號
家書。

翁詠霓君自京來，九時五十分上山，適委座在休
憩中，就余室詳談京中近情。十一時劉茂恩軍長來，知
雪亞主席心病尚未癒，堅乞休養，委員長勗以靜攝，未
許其辭職也。旋黃為材君來見，欲將粵禁煙行政悉交財
廳支持，其理由為緝私行政可統一云云。彼進見委員長
時，余亦在座，及出，即欲余辦電令，既未奉面命，又
無條諭，何得由彼傳語遂辦發。人糊塗錯亂不明手續往
往如此；余堅決拒之。且告以禁煙行政一切應統一於禁
煙總會，若如爾等現在辦法，將禁運、禁售另行劃出，
已覺牽強，若再將禁種、禁吸兩項亦攘奪而歸之財廳，
余實未見其可。余每見此等人即厭惡異常，以此輩每喜

搗亂系統，使權責混淆不明，種種誤會固因此而起，而付託不得其人，則諸般弊害亦即藉機關凌亂，而得售其計矣。暢卿以精毅自負，然行營時代此類事最多，余最為委員長惜之。午後偕詠霓及劉書霖往謁王太夫人之墓。傍晚雪冰、化之兩君來談，雪冰呈報告一件，委員長無暇閱看，交化之暫存。夜委員長招宋、賀、徐、戴及張漢卿同餐；余與之一點首，即覺怩怩，不知彼心中感覺又何如耳。與何部長通電話兩次，又接立夫長途電話，今日文電不多，僅十三、四件而已。十一時寢。

1月15日　星期五　晴

七時五十分起。昨睡又不甚佳，與何通電話最費力。

委員長自來奉化靜養後，精神漸次復原，唯自十三日起，似覺其心中畏煩，今晨聞侍醫鄭君言，委員長索安眠寧神之藥，知其近日憂憤深矣。十時承命再擬電致楚、立二兄，補充十三日長電所未盡者。又發出軍事電三件，即下山到武嶺學校巡視侍從室工作情形。季小波君及植物油燈發明家鍾靈特來溪口求見委員長，代為見之，談四十分鐘而去。今日桂代表張任民偕禮卿、伯璇來溪口，奉命前往招待，與禮公談極歡。十一時卅分偕同上山見委員長，午餐後又陪往太夫人墓前瞻眺久之。送二君去雪竇後，劉茂恩又來談，其請求要點為十一路指揮部特費九千、剿匪費八千請中央撥，又請換槍枝。三時卅分始別去。接敬之電話，知米春霖午前已飛西安矣。核辦文電二十餘件，散

步二十分鐘，旋張淮南君自京來，談西安近狀，並攜來情
報多件，擇要呈之。七時發要電四件，閱國聞周報十四卷
二期，與何通電話兩次，作家書第三號，十一時卅分睡。

1 月 16 日　星期六　陰、下午微雨

晨七時五十分起。昨晚胃腸不舒，屢屢驚醒，睡眠
極不佳。

核辦文電七、八件，無甚重要者。九時卅分翁秘
書長再來山，在余室談話約二小時，討論國策研究會之
進行步驟及大學生就業訓導班等各事。余承命擬一函
稿，以客在，久久未就也。十二時午餐，徐次宸來談即
去。餐畢，翁君再來談。翁去後學素送來四組文件及私
電、私函多件，頭痛神疲，勉強處理之。內有四件無暇
批閱，即送還暫存。其時眼乾欲睡，即上床小憩，又為
電話及來客驚醒，惱恨之至。與鄭醫生到山後散步，何
部長又來電話，知鮑等今日可到京，楊、于、孫已通電
就職，不知其用心究如何也。傍晚接楊、孫各一電，仍
以張回陝為要求條件，即呈委員長閱之，不勝嘆息。與
吳市長、葉秘書長通長途電話，化之來談，旋張淮南來
談，晚餐後去。鄭醫師勸予早睡，乃十時卅分何部長又
來電話，報告鮑等攜來方案，荒唐之極，知陝局必惡化
到底，可勝憤慨。十一時寢。

1月17日　星期日　晴

晨八時卅分起。與何部長再通電話一次，知楊等所提條件為：

（一）以張為陝甘綏靖主任，楊副之，行營顧主任駐洛陽；

（二）中央軍只能駐潼一帶，陝甘其他各地，由東北軍、十七路軍等分駐，其駐地由三方面（包括紅軍）商定之；

（三）各部隊之人事行政及訓練，各部全權處理（不許中央過問之意）。

又聞劉湘及李、白有通電主用政治解決，楊虎城今日即以覆電轉達各方，以示其聲氣之盛云。與吳市長及楚傖先生通電話一次。劉副官、梁參謀來談，邵存誠組長來報告辦事手續，俞國華攜來函電十餘件，即分別處理之。上午徐次宸來見委員長，中午劉恢先來見，下午賀貴嚴來見，均就余室坐談甚久，因之不得稍有休息也。四時委員長招往談話，命即擬致楊虎城函一件，於昨日所交要點外，又補充數點意見。旋貴嚴來，共為討論之。五時方欲動筆，而熊天翼自杭州來，又坐談甚久。汪秘書攜來文電及表與情報表等二十餘件，批閱一過，擇要送呈之。七時卅分晚餐，餐畢乃得專心起稿，至十二時完。親自清繕一過，既畢，已一時四十分矣，三時入睡。

1月18日　星期一　雨、潮濕

晨八時卅分起。昨睡太遲，幸睡眠尚深，未覺甚疲。

九時學素來慈菴，以昨晚所擬之函稿交彼用複寫紙謄繕之。十時力子先生自京來，與談京中情形及汪先生歸國後對政治之態度。力子言，汪之外交主張，為單獨聯俄無益，且不可能，須與英、法、美、俄大聯合乃可也。十一時健羣來談宣傳及粵事，旋天翼來，均午餐後始去。核辦文電十件後即就榻小憩，補昨睡之不足。未及一小時，客來遂起。四時鶴皋攜其兩幼子來訪，言將進行中國實業銀行事，為作一函介紹於徐可亭次長。鶴兄頻年棲皇靡止，殊願其有成也。五時八弟自杭州來訪，別年餘矣。為言在日本讀書情形及留學計劃，談一小餘而去。臨行若不忍別也者，知其天性獨厚矣。傍晚委員長閱定致楊之函稿，命張秘書繕之。力子、天翼同來晚餐，餐畢談經濟方案等甚久。今日鮑文樾、米春霖、李志剛三人來奉化，委員長以精神不爽未見之。夜整理書件。十時卅分寢。

1月19日　星期二　晴

今晨又晏起，醒來已九時十五分矣。夜不能早睡，似又非乞靈於安眠藥不可，奈何。

核閱文電八、九件及情報等七、八件，又摘呈孔來函數件，至十時卅分完畢。據孔之報告，國庫結欠各銀行墊款至十二月底止，為六七〇，〇〇〇，〇〇〇元（央四萬萬，國一萬二千萬，交七千萬，餘為商業銀行）。學素

及明仁兄先後來慈菴接洽公事，施主任芾南亦來談，直至
十一時始去。即下山到武嶺學校，晤慕韓、舜生、幼椿諸
君，談四十分鐘，偕同上山，十二時同見委員長。慕韓對
陝事、外交、左傾思想、穩定各方、政治機構、國民大會
等問題均有意見貢獻。午餐畢續談，又來余室小坐，至
三時乃往遊雪竇，余無暇伴之也。小睡起已四時餘。汪
組長攜來文件十五、六件即為處理之。覺心煩異常，近
日真感時間不敷，有手忙腳亂之慨矣。治事未畢，而鐵
城、同茲來，為談滬情及宣傳種種，晚餐又後續談，至
九時始去。將本日未了各件繼續處理之。今日未閱報，
十一時卅分寢。

1月20日　星期三　雨、寒

晨七時卅分起。昨晚睡又不佳，以時遲未及服藥也。

八時卅分向委員長口頭報告文件八、九件，即請
請示決定處理之，以期快捷。據孔部長電告，存川現
幣等數目（分存蓉、渝、萬），中央、中國兩行兌換券
五二，二四〇，〇〇〇元，現幣三千六百萬，農民銀行兌
換券八千餘萬元，金條二千餘萬元。俞國華書記攜來情報
等多件，以軍報兩件呈閱，其他不及悉以呈閱也。十一時
曾慕韓、左舜生等再度上山來見，鐵城、同茲、聖禪、力
子諸君同來午餐，先邀慕韓單獨入見，談約二十分鐘。慕
韓頗有意為委員長奔走作說士，上條陳數事，臨行囑余轉
呈之。午餐後曾、左、李均去，而聖禪獨留，遂邀力子先

生共同坐談。至三時卅分，介聖禪入見後，始得小憩，不
覺昏睡至五時始起，蓋倦極矣。事後蔣先生知之，謂此後
應直言，不應以賓客擾睡眠也。六時學素送公私文件一大
疊來，見之殊覺心煩，為選擇最要者擬意見呈閱，至八時
始畢。八時十分晚餐，餐畢，與鄭醫師略談，即洗澡服安
眠藥一丸，十時卅分寢。

1月21日　星期四　雨

　　晨八時卅分起。昨晚上床後仍不能即睡，約十二時
後始睡去，至八時始醒。

　　接中政會秘書處電報告，昨日會議中有人提議提早
開三中全會，不知其是何用意。後經議決由今日常會決定
之。委員長不贊成改期，電告楚傖轉達中常會。九時卅分
學素來慈菴談山下侍從室情形及種種猜測防制之鬼祟心
理，聞之殊覺心痛。這個世界上，為什麼想不通的人這樣
多呢。又為什麼要勉強一個已經看透一切而害神經過敏病
的人，來感此痛苦呢。煩悶之至。無味之至。十二時力子
先生及沈成章市長來，午餐後與沈市長談經濟情形及教
育，二時卅分始去。聞委員長將往妙高台，收拾各件，
準備同去。旋接電，知李志剛即將來奉化，遂中止。荻
浪、存誠兩組長及秋參謀長宗章來談，攜文電各十餘件，
分別處理之。又將委員長未批而已閱之各件清理一過，
交還各組處理畢，已將五時。起草某件，心忽忽不樂，
暫置之。七時曾養甫兄及次宸、成章均來山上同晚餐。

餐畢，徐、沈二君下山，養甫留余室高談不已，十時始別。十一時寢。

1月22日　星期五　晴

晨八時卅分起。昨晚仍服藥後始安睡，但晨起仍覺疲勞。

九時卅分何部長來長途電話，詢李志剛到後之情形，余不知其詳，以概略告之。聞雨農言，彼方又提示問題若干條，意較前日為緩和。大致：

（一）請中央軍稍緩進入鐵路線，並暫返華縣以東地區；

（二）潼寶鐵路線請中央後勿駐過多之隊伍；

（三）東北軍留一部駐西蘭公路，咸陽至邠州；

（四）十七路軍一部駐西安；

（五）給張一名義以安軍心；

（六）陝北部隊請授權楊氏予以接濟云云。

委員長以前（十九日）函言之已詳盡，不再見李志剛，僅電囑在前方與顧墨三商之而已。正午蔣夫人自滬來。午後起草傳單，僅寫成一件。聞林雲陔、劉紀文二君來，即下山代為接待之。並至侍從室處理文電二十餘件，五時卅分回慈菴。鄭醫為我打針，以見我近日太疲頓也。蔣夫人來談，對吾多激勉語。徐次宸、沈成章來晚餐，餐畢，沈君與委員長談甚久而去。今日委員長連發顧、劉三電，至夜又發一電指示楊虎城派人來商時可與談商之限

度，精詳恰當，可佩之至，為接洽發電事，直至十一時卅分始就寢。

1月23日　星期六　晴暖

晨八時卅分起。昨未服藥，既睡後為南京長途電話驚醒，起而通話，再睡遂不成眠。

為中央日報十九日論文，委員長深感不懌，招余往談，對中宣部之辦理不善，頗加責備。謂「既無常識，又無研究，且不察事實，不諳機密，何以領導革命。余對中央黨部實悲觀已極，如長此不加改正，不願再過問中央黨務」云云。旋即作長函一緘，致楚傖，交余備稿後快郵寄去。為此事與立夫通電話，囑其婉告楚傖。又發一簡電告之，恐楚傖著急也。十一時下山，到文昌閣，以張冲來電呈閱，復至侍從室巡視一週。在文昌閣午餐，餐畢，至紀文、雲陔處小坐，覓一人陪之游雪竇。二時卅分回慈菴午睡。適委員長命余接洽某事，遂起。頭陣陣作痛如裂。汪組長攜文電一大包上山送閱，即為處理之。旋又接劉經扶自洛陽寄來之態勢要圖及宣傳文件等一大包，將宣傳文件審閱一過，深感內容技巧均無足取。近來各處均無自動辦事能力，蓋由來久矣。次宸等來晚餐，夜接楊虎城來（漾未）電，以力子、貴嚴等名義覆之。十二時卅分始畢事，一時寢。

1月24日　星期日　雨

晨八時起。昨晚幾通晚未睡，失眠之恙日劇矣。

九時接何部長電話，知西安決定派米春霖、謝珂二人到潼關謁顧主任，十時由西安動身，如此則楊虎城等當不願頑抗到底也。即報告委員長，發出電報三、四件。

大雨不止，以電話詢南京，知汪先生決乘飛機來奉，十時起飛。奉委員長命，到機場迎之。十時卅分下山，約力子、貴嚴二君同往，十一時卅分抵櫟社機場，十二時十分汪先生偕民誼、仲鳴及侍從醫師羅君乘歐亞機來，迎至文昌閣小憩後偕至慈菴午餐。餐畢已二時，余疲甚，不能下山，乃由力子先生送之，即上床小睡。至四時起，學素送來文電二大包，又私函五、六件，即為處理決定之。閱情報知桂方仍謀策動平、津、冀、魯之反中央工作，而川劉自發聯名通電後，心亦不安，極力以反對內戰為標榜，此皆西安事件後必然之反應，然對外抗戰之大計，更受影響矣。八時晚餐，餐畢，侍委員長談時局，約卅分鐘退。桌上有珠巖參文稿，奉化王宇高式塘所著，取而讀之，雖有稚弱駁雜之處，而筆頗不俗。十一時就寢，不能入睡。十二時及夜半二時卅分何部長兩次來電話，告潼關商談情形，問題仍多。

1月25日　星期一　雨

七時四十分起。昨晚又是睡眠不足，二時卅分與何通電話直至四時後始入睡。

　　八時卅分入見委員長報告前方商談情形，委員長即指示要點七項。大致對東北軍、十七路駐軍數額酌予增加一、二團，而張之名義必須移防完畢後方能呈請。又限令二月十日以前必須移防完畢，中央軍則定二月五日到西安云云。即以此要點，於九時電話告何，轉知前方，以潼關定十時續談也。十一時汪先生來慈菴，與委員長談時局方針及全會各事。民誼、仲鳴同來，集余室詢問西安蒙難時情形。李明灝主任（仲堅）來談川事，蕭化之來談侍從室各事，十二時卅分以楊虎城有覆力子、貴嚴等第二電，仍有請閣轉陳一切之語，此間均認為有意拖延。承命代擬一電覆之。二時十分午餐。餐畢，與褚、曾、李略為周旋，送之下山，即歸室小憩。倦甚睡去，至四時卅分始醒。學素送來文電兩大夾，分別處理，甚覺費力。聞日本已決定以宇垣組閣矣。六時卅分下山，應毛穎肖先生家之宴，與此老別來四年矣。同席皆侍從室同人，談笑甚歡。席散後往謁汪先生，談時局及全會議題甚詳晰。約談一小時始別。仍上山回慈菴，已九時卅分矣。覆諸兒一書。十一時寢。

1 月 26 日　星期二　晴

　　晨八時二十分起。昨未服藥，上床後二小時以後始入睡。

　　連日心思煩亂，腦筋遲鈍散漫，注意力不能集中，神力感衰疲，與初到奉化時不同。

　　午前核閱文電十餘件，閱情報等七件。十時張秘書來，請示撰擬「新生活三週年紀念感想」一文之要點而加指示外，並囑其到京與鄧雪冰諸君商之。旋學素來，請示辦理文件之手續，以李明灝主任所交之書件交其攜去送邵組長暫存。又核辦關於行營請示預算之件。十一時李志剛君來談，奉命將近日接洽經過告之。志剛今日午刻回陝。十二時卅分洽卿先生及黃金鏞君來謁委員長，一時卅分同午餐。黃君質樸無文，但其意極誠懇。並謂年已七十，不願與海上時流追逐，但求其徒得有相當生活，全其始終，勿為社會之害可矣。委員長頗嘉之。午餐畢，送虞、黃二君出門，即返室小憩，至三時即醒，奉命代見燕大新聞學系主任梁士純教授，以時局真相及政府方針為詢，余以其見解多不正確，詳切規正之。談約二小時而別。事後頗自以今日所言者為太多，所謂未可與言而與之言，後當戒之。夜汪先生等來慈菴晚餐。餐畢長談，至九時卅分始別。何部長來電，報告東北軍方面堅請以張漢卿復權為開始移撤之先決條件，奉命不許可，以電話傳述之。前方和平之機危乎微矣。十一時就寢，不成寐。

1月27日　星期三　陰

　　晨七時三刻起。昨晚服安眠藥睡尚佳。

　　今日九時汪先生由奉化回京，預定到櫟社機場送行，臨時因與何通電話中止，力子先生往送。為接洽前線撤退交涉，八時卅分與何部長通一次電話。繼又于九時

十五分二次通話，以張漢卿致米諭轉各將領一電及委員長致顧一電，用電話傳述之。蓋陝中東北軍要求：非中央給予張以名義及由張到部隊訓話則不允開動撤退也。十時始接洽完畢，辦發文電十餘件。十一時蕭仙閣、盧作孚二君來謁委員長，力子先生亦自雪竇來，昨與予長談之教會政客梁士純又來見，余甚厭惡其人，然委員長仍與接談，予以為殊不值得也。以馬生積祚託盧作孚君，作孚慨然應允，謂到滬當招之來談，將使在民生公司執業焉。二時卅分諸客散，上床小憩，至三時卅分醒。今日不思作事，核閱本日文件畢，即至舍後嶺側坐石上讀書。仰眺白雲，悠然遐想，至薄暮始歸室。張冲來電話兩次，何部長亦來電話，報告前方談商情形，略見好轉，其實前途變化猶未可測也。夜決計不作事，與鄭祖穆醫師閒談消遣，發第六號家書。十一時攜小說一本倚枕且讀且睡，未半小時後即冥然入睡。今晚服安眠藥兩丸。

1 月 28 日　星期四　晴

晨八時四十五分起。昨睡沉酣之至，四時許醒一次，又睡，直至八時卅分始醒。

以昨日休養及接連二天有美睡，今日精神爽朗，鄭醫謂余面色亦較前六、七日佳也。九時卅分接南京長途電話，知西安昨仍澈夜會議。晨三時何柱國電話至潼關，除仍要求先辦張續權授職，臨部隊講話外，已見將渭南部隊於今日開始撤往渭河北岸三原一帶。即報告委員長。十時

仍以電話覆之。大意請顧先設法使先北移，而我軍則下月
一日須到西安云云。十一時劉為章、盧作孚、李杜均來
見，委員長命先由予招待之，先後談話約二小時，至一時
卅分午餐。餐畢，作孚仍留與余談建設方案，滔滔若懸
河，聽之不覺疲，其口才可佩也。三時客去，小睡一小
時，汪秘書攜文電十餘件來，即為處理呈閱。傍晚與鄭醫
散步閒談，七時晚餐。何部長又來電話，謂東北軍仍堅持
張須到部隊說話，然後開拔赴甘。即請委員長親以電話口
授意旨。晚餐後覆慕尹一電為魯山作介紹（孔部長）函。
洗澡，閱小說，十一時睡。

1月29日　星期五　陰

晨八時廿分起。昨晚未服藥，中夜醒二次，睡不甚佳。

九時，委員長交下手啟電稿一紙，囑前方劉、顧二
主任時時偵察渭南部隊撤移之動向，並作隨時可出擊之準
備，命予以電話傳達何部長。何正在軍委會開會，長途電
話殊不清晰。一浙人，一黔人，在千里外對談，字音不
同，甚覺費力。既畢後再以有線電話傳之，恐有錯誤也。
學素送來文電一大包，處理完畢，又有私函六、七件，多
瑣瑣為私人請求，真可厭之至，不願留置，均批答，並即
作覆焉。十一時南京又來一電，報告今晨三時與何柱國商
定之情形，除堅決要張到部隊談話外，其餘大致均可照原
議而行。即摘呈委員長。午餐後又有手啟電答示之。二時
卅分小憩，三時卅分委員長及夫人約遊鎮海，謂長日兀坐

山舍中，太不衛生矣。乃與鄭醫師及竺生長安（委員長之甥）同隨行。四時二十分過漵浦，再前進過龍山，虞洽老之故鄉，又過沈師橋，而達觀海衛。余愧為慈谿人，而到慈縣北鄉尚是生平第一次也。隔山南望，即是家園，白雲被之，我思何極。到觀海衛時已五時廿分，遂歸。與程、竺二君過鄞小停，至狀元樓晚餐一嘗五、六年不吃之鄉味。七時卅分歸，檢呈本日文電畢，服藥二片遂寢。今日電姚處長、鄭組長辦理西安殉難之同人撫卹殯葬事。

1 月 30 日　星期六　晴暖

晨八時起。昨睡仍不甚佳，雖服藥一片半，仍無大效也。

核辦文電十四、五件，聞日本內閣宇垣組閣不成，將以林銑十郎組閣，於我將更不利焉。

九時卅分耿濟之（駐俄大使館秘書）攜蔣大使函自京來謁委員長，奉命代見之。觀其函述要點，似俄政府不甚重視蔣使，可見派遣使節，不可不先知駐在國政府之意向，尤其如蘇俄有特殊國情者為然也。十時接南京電話，報告潼關方面結果，似東北軍遵限移撤可無問題，然華縣、西安間電話忽斷，殊可異。謙夫先生及威博等由甬來，並偕數友同來，以無暇下山，僅與電話談數分鐘而已。午委員長約游山，以積件未了者甚多，辭未同行。午餐畢，學素來談，二時小睡，至三時醒。續接林蔚文來電話，告飛機偵察前方之情形。四時起清理積存文電，分類

保存或辦理之。至六時卅分仍未完畢。七時下山，到文昌閣赴委員長除歲之宴，與趙次勝專員談寧屬匪患情形甚久。九時畢，上山與何部長通電話兩次，均為經費事。十時，蕭化之來談，十一時就寢。

1月31日　星期日　雨

晨八時卅分起。昨晚睡不甚佳，至一時後始入睡。

午前與何部長等通電話，知因氣候惡劣，商縣、藍田等處未偵察。彼方渭南部隊確在移動後撤，已分別派徐樑、涂思宗任觀察團團長云云。又說，于孝侯已到西安。十時劉健羣兄派鄭金山秘書由滬來，攜來外交論文一篇，題為「研究中日問題如何禦侮救國」，囑余閱之，並就余商，可否在日報上發表。該文長約二萬言，不暇細閱。告以如發表應以發表在一個報紙為宜，勿普發也。十一時力子先生偕夫人來慈菴，請鄭醫為之診臂疾，即在慈菴午餐。教士牧君律師魏道明同餐。餐畢，力子伉儷及蔣夫人及余室談話。蔣夫人談赴陝省之決心及與張談話數次之內容，說至緊要處，極為興奮，談至三時始別。聞將有杭州之行，心緒頗煩亂，以積件待清理者尚多也。今日委員長又電請中央續假二星期，以體力精神實未全復也。又發致財部及何部長電，為發一百八十萬善後費事。夜次宸、貴嚴來晚餐，談至九時卅分去。作家書，十一時卅分寢。

2月1日　星期一　雨、微雪

八時十五分起。昨晚服藥兩片，至今晨發生效力，殊貪睡不能起。

閱劉健羣所著之論文，覺其中間一段論日人故意製造成都等慘案云，似不無過當，即電粵請其於發表時刪去之。閱雨農所呈之情報，知西南策動分化甚烈，華北對中央亦隔膜異常，而東北籍人士正在進行其所謂老少大團結。大勢所趨，恐國內封建勢力又將有一度分裂之活動矣。日本以林銑十郎組閣，將任板垣為陸相，對我侵略又必主急進。此二、三月內之時局，又將憂患重重，殊可慮也。向午忽覺頭暈，且胃痛欲嘔，即就床小憩，午餐後始起。委員長邀遊東錢湖，以病未同行。向武嶺學校得假白氏長慶集一冊讀之。

接南京長途電話二次，知渭南撤兵，須待四日始畢，中央軍須五日可到渭南，而赤水東北軍仍構築工事，渭北四方鎮、孝義鎮亦然。東北軍並要求在白水、浦城、高陵等縣駐兵，陝局如何，亦至難測也。委員長擬作杭州之遊。夜整理文電，並決定同行職員之人數，與允默通電話，約其到杭。夜十一時就寢。

2月2日　星期二　晴

七時卅五分起。昨晚頗有雪意，今日乃晴暖如此，朝起精神為之一爽。

九時收拾行裝訖，發電報兩件：一致錢慕尹，一致

何敬之。十時甘肅財廳長陳端來見，奉委員長命代為接見
之。其人係一老辦財賦者，對政治似極隔膜。十時卅分自
白巖廟下動身，乘汽車赴杭，與鄭醫師同車。車係租自蕭
紹嵊公司者，極震盪。十二時過新昌，游覽南明寺，觀大
佛，自石崖中琢成，長二丈餘，洵屬偉麗。在寺內小憩進
餐，一時餘過嵊縣，三時許過紹興，四時卅分渡錢江，直
至澄廬進午餐。五時廿分與何部長通話一次，料理客舍，
分配住處訖，六時四十分往謁大哥。適彼家吃年夜飯，邀
共食。餐畢，黎叔、貞柯、祖望等同來談。允默已到杭，
亦偕五妹來。九時卅分送五妹歸，即回澄廬，與南京通長
途電話一次，筆錄而送呈之。霞天、青儒、亦同、溯中、
青萍、毅敷、健中同來訪談，至十二時始散去，即就寢。

2月3日　星期三　晴

七時四十五分起。又作杭州之客，早起望湖山，精
神為之一爽。

九時到澄廬一轉，承命發電數通。約張季鸞、陳景
韓及外部徐次長叔謨來杭一敘。又電話孔部長，可約鄒海
濱同來。回寓辦發覆電六、七件，又電話約張冲即日來
杭。十時接南京長途電話，知西安昨晚發生兵變，電話線
被切斷，但今日秩序已復云云。西安事件真變化不測矣。
顧墨三有來電，將談商條件綜括成十二條請示。午刻朱騮
先來談，一時午餐，大哥、四弟來寓，談陝變前後情形。
二時滄波來談，省黨部李楚狂、吳望伋、項廷榮、金越光

等先後來談，甘財廳長陳端亦來訪。三時偕四弟、允默等往遊靈隱，歸來到知味館吃點心。遇黃華表君，未及詳談。五時卅分歸寓，六時赴鄭烈蓀之約，到樓外樓晚餐。餐至中途，接澄廬電話，即往見委員長知王以哲被害，西安方面又藉詞要張回陝矣。返寓辦電報三件，夜訪王芃生參事，長談一小時餘，覆函數緘，接京電話報告前方情形。十時卅分五妹來談，十一時卅分寢。

2 月 4 日　星期四　晴暖

七時五十分起。昨晚未服藥，僅服胚胎素一劑，今晨即能早起。

八時偕張淮南兄往澄廬謁見委員長。甘肅財廳長陳端適亦在彼，又絮絮陳其對甘省軍政之意見。以對時局隔膜到十分之人，而強欲有以自見，甚矣，功名之見令人智昏也。自澄廬出，繞蘇堤至裡湖游覽一周，回寓核辦文電七、八件。又到澄廬一轉，往新新旅館訪果夫。適彼來余寓，談至十一時五十分始別去。姜卿雲、鄭曉滄兩君來談。十二時卅分過黎叔家偕至西悅來午餐。午餐後發電數件，小憩一小時。三時起，往訪戈卓超秘書長，談一小時餘。又過徐叔謨次長處談外交。至季鸞室中小坐，皆同寓於此也。與何部長通電話，知二十三師已推進渭南，仍繼續前進。段參謀來談，在川見聞種種。晚餐後往澄廬，偕戈君及王芃生進見。承命擬消息一則，並繕就致于主席覆函。回寓與鄭醫師商定發表消息，即

電中央社。蓋委員長今日用Ｘ光照視胸椎第十二脊骨有
損傷，醫言須絕對靜養一月。霞天、紹棣、健中三人來
談約一小時別去。十二時卅分寢。

2月5日　星期五　晴暖

七時卅分起。連日晨醒特早，今晨六時卅分即醒，
其實睡眠不足也。

八時一刻顧詰剛、馬壽齡（回教阿衡，成達師範校
長）二君來訪，旋季鸞來談。馬君以回教文化計劃交余轉
呈，並請資助回教赴埃及留學生之旅費。九時卅分陳心銘
廳長來訪，以致于孝侯主席函交之。彼請派飛機，余告以
不必。陳去後譚九思君來談。旋席楚霖專員來談，交來何
芸樵呈函一件，言三中全會提案事，隔膜異常。客去後，
為蔣夫人覆楊虎城、于孝侯一電，送委員長閱定拍發之。
十二時卅分訪戈定遠君話別，戈以華北數事見託，余以東
北大學事告之。二時陳景韓自滬來，偕去澄廬，余仍回寓
午餐。餐畢小憩。三時景韓來談甚久。核辦本日文電十二
件。王芃生參事來談。六時到中央銀行應朱主席之邀。六
時卅分到東南日報社參觀新屋，即應健中之宴，在東南俱
樂部晚餐。紹棣、湛侯、九思、子明諸君同席。餐畢，譚
君為談銻鑛事甚久。九時歸寓，方之、青儒先後來談。接
南京長途電話知三六、二三師等均已向前推進矣。又接張
淮南來二電，先後摘呈之，仲未、祖望來談至十一時卅分
去。洗澡就寢。

2月6日　星期六　陰

七時卅分起。連日服胚胎素殊見效，事雖繁，客雖多，亦尚堪勉強支持。

核閱發電十餘件。學素近來漸趨熟練，但終不能細心，又用語措辭每有不甚妥愜之處，總之不能替發文者與收文者設想周到，暇當誡其虛心學習也。

何東之女何綺姿來見，堅請見蔣夫人，為作一函介紹，命其攜往上海請謁。

九時應孔先生之約到中央銀行早餐，到者卅餘人，食點心十餘種，均精美。十時歸。往謁委員長，呈張冲來電，即奉命覆一電。十二時午餐。餐畢散步卅分鐘。閱數日來之報紙，二時卅分小憩。三時卅分醒。季鸞來詳談，以目前不能刺激日本，主張將劉健羣之文緩登，予頗以其言為然也。五時卅分往徐次宸、魏道明室內談話，彼等均今日動身赴滬矣。六時廿分送之城站，並送孔先生行。回寓，周市長企虞、王廳長文伯來，談公路及浙江農民銀行事。晚餐食炒麵一盒。餐畢，往澄廬。委員長命覆翁詠霓一電，為修改中央銀行組織法事。旋又來電話，囑緩發。貞柯、君碩來談，又與蔣銘三談前方情形。十時往大哥家，十一時歸寓。

2月7日　星期日　陰

七時四十五分起。昨晚又在一時後始入睡，連日失眠又劇。

　　擬致孔部長電，說明輔幣券必須由政府發行，藉留
籌措建設資金之餘地，此點于修改中央銀行法時必須堅持
云云。九時俞寰澄君來訪，談禁毒不能專用嚴刑，應以戒
毒醫院並酌用連坐法為有效。又談粵省禁政情形約一時餘
始去。核辦文電十餘件。竺藕舫君來訪，適委員長約請，
遂不及晤。往澄廬見委員長。命編述西安半月記，並將日
記交余重閱。十一時歸寓，蕭秘書及項傳遠君伉儷來訪，
略談即去。黎叔、祖望、大姪、二姪均來寓，十二時卅分
偕往天香樓午餐，由黎叔為東道主。二時歸寓，陳景韓君
來談。彼今晚車歸滬矣。續閱文電八、九件，四時倦甚小
睡，至五時再往澄廬，適虞祥林醫生為委員長診視患處，
斷為脊骨部無損傷，但腎部或有影響也。命擬覆函數則，
遂歸寓晚餐，食鍋貼及麵。夜發力子電，整理函件，至九
時卅分寢。

2月8日　星期一　晴

　　七時四十分起自昨下午起，感頭暈，今晨起仍未癒，
或室內空氣不足之故歟。

　　鄭祖穆醫師來談委員長背部所患宜以石膏硬型矯正
器從速醫治，但必須入醫院方可絕對靜養，故蔣夫人速其
赴滬，余謂治病不從病者之心理著想，勉強行之亦無益而
有害。鄭醫云，吾儕醫生不能負此責也。談卅分鐘別去。
代擬覆楊子惠軍長函，持往澄廬請簽署後即回寓。往交其
代表李定宇（寰）攜回貴州面交。定宇對余言，劉湘不可

恃，其言甚露骨。以委員長明日赴滬部署行李，並指定隨行者名字，甚感忙碌。十一時核發文電七、八件，十二時偕允默往知味觀午餐，餐畢往蝶來飯店訪耿濟之秘書，旋偕允默游孤山，穿中山公園，循白堤而歸。初意擬以出游代午睡，歸後倦甚，仍小憩補足之，約一小時餘始醒。四時卅分往澄廬，與省黨部常委及樓秘書長、王廳長等同見委員長。六時歸寓。為耿秘書作介紹函致張厲生，索入黨申請書。楚傖自京來，亦寓大華，往談卅分鐘，同往澄廬晚餐。晤鄧軍長寶珊，餐畢，楚傖與委員長談全會事，余亦與焉。十時歸寓，望兒、五妹及細、憐兩兒來談。核辦文電十餘件，覆私函四緘，並電錢慕尹告明日赴滬。十一時卅分寢。

2 月 9 日 星期二 晴

晨·七時卅分起。委員長昨晚囑覓一人講「論理學」要旨，約二回，每回一小時。已囑道鄰物色之。

八時葉楚傖先生來談京中近況，旋即偕往澄廬見委員長，關於中央儲備銀行法案有所磋商。九時楚傖去，即在澄廬侍委員長早餐，談西安蒙難中情形。旋鄧寶珊軍長來訪，奉命招待之，贈旅費萬元。因時間不及，即以手條交之，囑其向軍需署支領。九時十五分回大華飯店，辦發文電六件，擬賀林主席生辰電，又核閱本日來電十件，至十時卅分始畢。委員長今日赴滬就醫，余以尚有奉命撰擬之件，畏滬上囂煩，不能動筆，遂未同行。十一時移寓西

湖飯店，覺頭暈殊甚，午餐後，擬小睡而頭暈更甚，心跳
不已，竟不能入睡，想連日勞疲睡眠不足之故也。允默亦
忽忽不樂，乃偕之出游徐村，徘徊於息肩亭畔者久之。夕
照被山巔冉冉而下，作極可愛之景色。六時回，至望弟家
小坐。允默以明日廢曆除夕，故夜車回京，以余頭暈，止
勿往送，遂在五妹家晚餐。貞柯來同餐，談少年時事，九
時卅分回寓寢。

2月10日　星期三　陰雨、午後晴

晨七時卅分起。昨睡尚佳，精神稍爽，頭暈未痊癒。

西湖飯店所居之室臨湖濱，馬路汽車之聲震動屋壁，
心思不能寧靜，斷不能從事於文字工作。早餐畢，乃決
定移居。先至東方飯店，繼至蝶來飯店，均不當意，蝶
來且告客滿，以今日為舊曆除夕，外人商店放假多來杭
游覽也，乃決定移寓於新新旅館。命添一寫字桌於室內，
佈置畢，覺與西湖大華有霄壤之別矣。往新民路訪裴子
師，知其精神衰弱，不堪用腦，為生活故，乃以譯述資
生事，境況清寒已極。回寓後奉二百金助其卒歲之需。
裴師識余於弱冠時，愛余深而督責甚嚴，故余感之尤深
也。祖望來同午餐。

午後小睡至三時起，著手起草西安半月記，繼續搜集
參考材料，甚悔在溪口時不早為之。至夜九時僅成三頁，
仲未弟來談，余亦倦于執筆，遂中輟焉。旋望弟亦來，高
談破寂，直至十一時始去。接允默電話，十二時寢。

2月11日　星期四　雨、微雪

七時卅分起今日為舊曆丁丑元旦，在旅館撰述，未出門。

繼續起草西安半月記，自十二月十二日起，逐日記之。蔣先生口授之材料，悉以加入，惟於詢答之語覺著筆最難，以文言傳神不易也。接力子先生自溪口來函，補充十二、十三兩日之材料，信筆記來，清晰有致，殊可佩也。至十一時卅分望弟來助余清繕，今日教廳仍辦公，望弟請假來相助，殊感之。午後小睡不成眠，頭暈未止，強起工作，至六時卅分約成十分之八以上，命酒與望弟對酌，以自慰勞。晚餐後繼續撰輯，至九時完成。全稿長一萬二千言，於西安事變之開始及蔣先生脫險回京之種種經過，閱之可得其大概矣。黎叔、貞柯二兄來談，索此稿傳閱之，皆以為內容豐富，讀者必感興味。貞柯言，余文字近年來實不如二十餘歲時之警練簡勁，然平實曲折過之。雜談京杭近事，十一時始別去。十一時卅分就寢。

2月12日　星期五　雨、中午微雪

七時十分起。昨晚十二時卅分後始入睡，今晨六時半即醒，睡眠殊不足。

七時四十分結束旅館中各事，驅車至城站，乘八時車赴滬。匆匆動身不及往視竺藕舫及浙大教授諸君，殊引為憾事。貞柯來送行，任天亦同車赴滬。八時車開，又與杭州小別矣。車中閱本日報紙，知西安各事進行極順利，

自報販手中購得宇宙風雜誌一冊，讀之有郭沫若記郁達夫
到東京一文，描寫深切之友情，其作風與十五年間之創造
社時代相同，以如此負盛名之左翼作家，而充滿彼等「布
爾喬亞」氣息，可見「江山可改本性難移」，一切欺人口
號，非矯強即被動而已。今日車遲到，一時抵梵王渡，即
下車至滄洲飯店。學素、明仁、荻浪來談，關室二一八
號。小憩後即往賈爾業愛路見蔣先生，以昨夕擬就之稿呈
閱焉。四時辭去，至愚園路訪鶴皋，吃湯糰、年糕，點綴
新年。晚餐後始歸寓。十一時卅分寢。

2月13日　星期六　晴

晨七時五十分起。昨晚屢醒未熟睡，室內太暖故也。

核辦文電十餘件，十時秋陽來訪，與同至苓西家（四
明邨七十二號），苓西方起床，與余談別後事，知其近來
經營諸事殊不順手，並託余進行四明之常務董事，談一小
時而別。仍與秋陽回寓，童行白、陶百川二君來訪，復
恆、更生亦來訪，適外出，未晤也。午餐味極惡劣，食不
飽。滬上在舊曆新年餐館不營業，甚不便也。二時委員長
招往談，以西安半月記稿授余再修改之。攜歸寓中，匆匆
從事。旋何部長電話來，言張學良復權事大有轉機，即至
賈爾業愛路告委員長，擬一電致林主席、居院長呈核後拍
發之。趙龍文君來談，旋驄先來談，聞委員長明日決動
身，料理本室同人啟行各事，一面又須趕文字，殊覺應接
不暇矣。友人來訪者絡繹不絕，均謝卻之。晚餐亦草草進

食，不知味也。夜公展來訪，談滬上近事及報館計劃，約
一小時而去，時已十時，乃結束行李，赴北站乘車，而西
安半月記之修改工作仍未完成也。學素、秋陽送余至站，
學素已大醉，十一時車開，十一時卅分寢。

2月14日　星期日　晴

　　晨六時卅分即醒，疲極未起，旋聞訓清言，將到和
平門，即起，實未睡足也。

　　七時十分抵下關，亦僑等來迎，即入城返頤和路
寓，以九時與葉楚傖先生約定，乃急將昨晚未完成之西安
半月記稿件修改完畢，交亦僑攜去付印。九時到中央黨部
訪葉先生，立夫亦來談，對於請國府恢復張學良公權事有
所商，旋相偕至梅園訪居院長覺生先生，居先生持嚴正之
綱紀論，余等反覆陳說，其意始稍轉但仍未表同意，談一
小時許有廣東客人至，遂辭出。再到中央黨部，擬訪林主
席，知出遊郊外矣。即至中政會處理雜務七、八件，費
四十分鐘。回寓一轉，即至故宮機場迎委員長。晤芸樵、
公俠、敬之、慕尹、樵峯等多人，守候約一小時許，飛機
始到，遂同至軍委會官邸。委員長命以西安半月記稿再呈
閱，並囑訪林主席。回室辦電稿數件，歸寓午餐已二時卅
分矣。三時許滄波來談，三時十五分偕楚傖往謁林主席，
亦為申請復權事。林主席意與居院長大略相同，小坐即
出。再至委員長處，承命將西安半月記再修改四、五段，
並發新聞稿一則，至六時卅分始畢事，歸寓晚餐。夜甸樵

夫人來談，十一時寢。

2月15日　星期一　晴

七時五十分起，盥洗畢，即驅車至中山門外謁陵。八時卅分抵陵墓，與蕭同茲君拾級而登，到者已過半矣。謁陵畢，舉行三中全會開幕式，汪先生致詞，十時典禮完畢。回軍委會見委員長後十一時赴中央黨部出席預備會議。十二時卅分歸午餐，客來訪者甚多，又為修改西安半月記費去時間不少，遂未午睡也。五時卅分參加關於全會重要議題之會談，汪、戴、葉、邵參加，決定對於外交、內政、國民大會及對共產黨之態度，七時許始散。晚餐後又往見委員長二次，決定明日約見之賓客名單等，十一時卅分寢。

2月16日　星期二　晴

七時卅分起，以昨晚未熟睡，且今晨醒特早，殊感疲倦。

八時赴軍委會一轉，九時出席第一次正式會議。今日多係報告之件，無甚討論，十一時卅分散會。楚傖交余孫夫人等提案一件（擴大三大政策），又商監委會處分張學良事件畢，養甫、仲翔、仙槎、海濱均有事請轉答，幾應接不暇。十二時卅分到軍委會見委員長，報告會議情形及所謂擴大三大政策之提案，即匆匆返寓。午餐後倦甚小憩，至二時卅分起。以汪先生電召，往中政會商宣言，又

至中監會探詢監委會之結果。事畢,返軍委會核閱文電,並招待旭初、伯璇、為章、吳、李、協和、次宸諸人。七時果夫來,七時卅分回寓晚餐,夜訪秦紹文、戈卓超均未晤,回寓已九時餘。服百息霍靈少許,洗澡畢就寢。

2月17日　星期三　晴

七時卅分起,連日失眠甚劇,頭暈不止,但早晨黎明輒醒,殊以為苦。

八時至軍委會一轉,辦函件數件,九時偕慕尹赴中央黨部,委員長曾出席主席團會議而未出席於大會也。今日第二次正式會議,何、張分別作軍事報告甚為詳盡。十一時卅分先退,至軍委會,奉命起草報告關於張學良等八條件一件,又辭呈一件,至下午四時卅分完畢,五時呈核,改定數處即交繕。夜七時在蔣邸晚餐,大會主席團及各元老監委與常委等均到。餐畢商談各重要議案,直至十時始畢。聞益之先生病甚重,時遲不及往視。十一時項介人來談,十一時卅分寢。

2月18日　星期四　晴

七時十五分起,睡眠實不足,以有事不得睡也。然強起後頭暈甚,仍不能作事。

八時到軍委會見委員長,承命接洽約見賓客及停止今晚之宴會,因益之主任於昨晚病歿以注射不慎中毒也。九時出席第三次會議,聽財政報告畢,即先退席,返軍委

會為委員長擬新運三週年紀念廣播演講稿。十一時動手，至一時卅分完成，遂未歸寓午餐。此等文字工作，最易落窠臼，用思甚苦。既成，即呈核不復複校矣。與西安陳武鳴先生通電話一次，小睡一小時，至仁孝殯儀館唁益之先生。人天永隔，對遺像不勝淒戚。三時至中央黨部列席主席團會議，參與宣言討論，以此次全會指定汪、戴、葉、邵及余起草也。于先生辭監院事請委員長親函慰留。又為經委會事接洽多次，最後決定在全會不擬即提案原則，子文即拂袖歸滬矣。五時到軍委會，夜至汪宅接洽經濟建設提案。到葉宅略談，回寓晚餐，夜到蔣邸一轉，決定宣言稿。又至中央黨部接洽，張冲來電十一時寢。

2月19日　星期五　晴

七時卅分起。到蔣邸一轉，決定今日約見陳儀諸人，即轉囑通知之。八時卅分到中央黨部，與汪、邵諸先生等商定宣言稿，並共同參酌對於根絕赤化之決議。又為經濟委員會改制事託邵轉告子文，准不提會矣。蔣先生對宣言內容及決議文中另有意見，為補充之。十二時返軍委會，另製新運三週年講演稿，至四時完畢。即至中央黨部出席第四次大會，通過議案二十餘件，為提補汪先生任常會主席事，各常委商酌甚久，均有難色。六時偕戴、葉、陳往見蔣先生，七時歸寓晚餐。夜再至蔣邸，聆廣播發新聞商改決議，十一時歸寢。

2 月 20 日　星期六　雨

七時五十五分起。匆匆清繕決議稿，攜往蔣邸，則稚、溥、力子諸先生已在彼處商談主席案矣。仍不得要領，大有僵化之勢。諸人散後，商定決議文時已九時卅分。即至中央黨部出席五次大會，蔣先生亦往黨部，但至門口即折回，未出席。旋送一函來，堅決辭職，有「負黨誤國實難負荷」之語，知其激刺深矣。討論宣言，費時最久。對中日交涉及共黨問題爭執尤烈。十一時卅分尚未決定，即先退至蔣邸報告會議情形。旋林主席及稚公、楚公來訪，蔣先生之意稍平。一時卅分歸寓午餐，餐畢倦極午睡，至四時始醒。往訪李幼椿談一小時，訪公展及曼雲等未遇。夜張淮南來訪。與力子先生通話。十時卅分寢。

2 月 21 日　星期日　雨

七時五十分起。盥洗畢，即赴蔣邸。鐵城、岳軍諸人均在彼。及客散，奉命再將決議文審改數語，並指示午後大會中最好不再修改。又奉命起草關於言論自由集中人才案之談話，匆匆寫就，交繕已十二時。赴首都飯店鐵城先生之約，與楚、力、展、希同諸人商組織出版公司及管理神州日報等事。二時卅分散後至蔣邸，偕蔣先生同至黨部出席第六次大會。決定公博長訓練部，力子長宣傳部，並討論決議文甚久，修正通過之。散會後向汪先生面陳不能擔任中政會事。六時歸寓，夜應召再赴蔣邸，決定談話稿，至十一時回寓寢。

2月22日　星期一　陰、下午雨

八時十五分起。以昨晚睡不佳，晨起後覺疲倦，遂未參加三中全會之閉會式，逕赴軍校辦公室，核辦文電十餘件。道鄰、化之諸君先後來談。又改定西安殉難先烈之祭文輓聯等。十二時見蔣先生，談陝省府事，奉命致函翁秘書長，仍以雷寶華君長建廳，而以孫蔚如電保之楊毓楨任委員，明日提行政院會議決定之。又決定本週中政會不開例會。一時歸寓午餐，餐畢小睡。往汪宅訪曾仲鳴君，略談而出。佩箴、毅成先後來訪。毅成為綢繆月刊題字，並為董來君作函，一一付與之。四時卅分至蔣邸，與胡步曾同見蔣先生，談政、經、教育頗多，頗多直言不諱處，談五十分鐘，復至余室小坐，以車送之歸。七時往外交官舍，應張部長之約晚餐，到賓客十六人，粵、桂、鄂、豫、冀諸人均到。與養甫同車歸，大談一小時餘去。九時歸寓，核講稿一件，十一時寢。

2月23日　星期二　雨

晨七時四十分起。匆匆赴軍委會，與錢主任等談侍從室事。八時四十分到勵志社，參加西安殉難諸烈之追祭。由蔣先生主祭，行禮時大雨如注，遺孤答謝時，麻衣如雪，為之淚下。九時卅分回辦公室，知蔣先生腰背之痛又劇，即往省親，知為見客過勞所致。十一時汪先生來訪，關於中政會及中央黨部與院部諸事有所商談。中政會秘書長一席，大約將以張岳軍任之。旋驪先來見。十二時

面請蔣先生給病假兩天，以連日實感精神太倦也。蔣先生
似不願予休假，勉允之。一時歸寓，午後遂未去軍委會。
四時希孔來談甚久，五時道鄰來，約予至息式白大夫處
診病，處方兩劑，約三週後再去。夜洗澡，早寢，十時
卅分也。

2月24日　星期三　雨

八時五十分起。今日決心在家休息不作事。正午方
希孔約往瘦西湖午餐，亦未赴。

十二時學素來，攜文件數種請示，即為決定。並將
前月在溪口時委員長核定解決陝、甘間問題之甲、乙兩
種方案交彼攜往送邵組長，以備參閱。午後無事，讀唐
人詩文集自遣，並整理雜件至六時畢事。夜擬赴滬，訪
顧孟餘君，九時往蔣邸請示某事，中途患頭眩甚劇，遂
折回。十一時寢。

2月25日　星期四　晴

八時起。今日天時晴美，精神稍舒，唯頭暈未痊
癒，仍在寓休息。

十時力子先生忼儷來訪，談宣傳部事。力子夫人並
為內子詳述在陝被難之經過，十一時去。午餐後偕允默往
湯山俱樂部休沐，久不作溫泉浴，浴罷，覺骨痛之疾良
已。在湯山鎮游覽至晚始歸。夜無事，讀唐人詩文集，與
吟苡兒閒談，至十時卅分寢。

2月26日　星期五　晴

八時十分起。請假休息已二日矣，頭暈仍劇，且骨痛未已，然假期已滿，不欲再續假。午前將私人函件草草料理，午後仍往軍委會處理文電六、七件，並閱已辦各件。近日以各方負責者均在京，故來電極鮮。午後五時擬謁蔣先生有所報告，適已出外散步，余亦遂歸寓。夜洪承祓君來談，承祈之弟也。自巴黎大學學經濟歸，尚未有固定職業，無法為之介紹，對之悵然。旋張季鸞來訪，日人批評我全會決議之種種，其目光有極銳利者。十時季鸞去，服藥就寢。

2月27日　星期六　晴

七時卅分起。盥洗畢，到中央政治委員會，批發各專委會及秘書處職員薪給等件。又與胡秘書立吳談全會案件處理事。到中央飯店訪友未遇。十時到軍委會核辦文件數件。蔣先生約王維宙等午餐，余遂未往見。賀元清君派戴經塵回京報告，攜函來見，與之談川事卅分鐘。十二時十分回寓午餐。餐畢小憩一小時餘，精神仍未復，頭暈亦時作。三時再去軍委會，見蔣先生，面陳數事，出至會客室，與繆雲臺君、孫元良君及雨岩先生等談。旋蕭一山君來訪，談陝省政局甚久。七時到中央飯店訪伯楨未晤。又訪孫蔚如，亦未遇。遂歸。夜未出門，閒談讀書。十一時寢。

2月28日　星期日　晴

　　七時四十分起。今日星期稍暇，因連日勞倦在家休息，發私函四緘，九時佛海兄過訪，久不晤談，不勝歡迎。佛兄為我談訓練部之內容及公博不願到部之原因，深慨小組織之無益有害也。十時卅分佛兄去，鶴皋、伯楨先後來訪，伯楨銳意欲有以自見，而對目前政治情況極為隔膜，十二時後始去，遂不及赴浙高同學會之春季會，知必將為諸師友所訶責矣。午睡一小時起，張默君來訪，牢騷怨誹之語刺刺不已，其目的在求公家多給十幾萬之國葬費，不知翼如地下之靈亦贊成此舉否。夜應蔣先生召商半月記文字，並有所指示，十時歸寓覺眩暈未已，且患骨酸，服藥洗澡後就睡。

3月1日　星期一　晴、下午陰

　　七時五十分起。昨晚睡未熟，清晨醒而後睡，遂又覺頭痛。

　　八時卅分到軍委會辦公室，約汪組長等商第二處辦公手續。自實行合併辦公以來，覺紀律精神較前略有進步，唯五組各秘書仍無法求其振作，固由諸人個性好務外而不肯潛心研究，亦余不善領導之過也。十時，約張秘書劍鋒來談，對其無端抑鬱，盡力開導之。最後亦自認修養不足，此後當能與同人沆瀣一氣矣。李子寬君來談粵省禁煙狀況甚久。十二時見委員長，報告文件約十分鐘，十二時卅分歸寓午餐。午後到中政會，約朱雲光秘書商定全會交下之議案處理辦法，並決定本週例會之議事日程事畢，再至軍委會核辦本日文電十餘件。六時見委員長，約定明日會見陝教廳長周伯敏，並約汪先生商中政會事，七時歸寓。夜竺藕舫先生夫婦過談，藕舫談浙大建築計劃，並露期滿瓜代意。其夫人為翼如妻妹，受姊託來談國葬經費事，語多憤慨，刺刺不休。允默同坐，聽之頗不耐。客去後，猶私議近人識大體者何其少，蓋竺夫人能詩，固一學人也。十一時卅分寢。

3月2日　星期二　雪

　　七時五十分起。昨晚睡極不安，且多夢。

　　八時卅分往訪汪先生，面陳不能不辭中政會副秘書長之苦衷，蓋余實不能一身兩職，徒擁名義而不作事也。

汪先生堅留再四，卒允所請。九時卅分辭出，至軍委會繕辭呈，並核辦文電六、七件。往見委員長，又改西安半月記，交汪秘書分繕改正之。十時卅分再至中政會調閱前國防委員會之案卷並處理議案。十二時歸寓午餐，餐畢就枕小睡不成寐。一時卅分起，二時到中政會，汪先生及楚公同來秘書處，商定明日開會各事。四時返軍委會，何侍衛長來談撫卹西安殉難職員事，汪組長來商檔案處理事。五時偕汪先生及張岳軍部長等進見委員長，決定外交、交通兩部更調部長及中政會秘書人選等事。七時回寓，夜再往蔣邸，奉命訪林主席，報告外交部更換部長事。八時五十分回寓，喻相平君來訪甚久。十一時就寢。

3月3日　星期三　晴

八時許起。今日天氣晴暖，有春天景象，室內之蘭亦怒放矣。

八時卅分到中央黨部，九時中政會舉行第三十八次會議，到會委員僅六、七人。中執會及五院長應出席者到十餘人，孫、于、戴未到，寒操、陸一、果、立亦均以事或以病請假，議決要案如次：

（一）准外交部長張羣辭職，以王寵惠繼任；

（二）准交通部長顧孟餘辭職，以俞飛鵬繼任；

（三）推張羣任中政會秘書長，曾仲鳴副；

（四）通過粵開港濬河美金公債；

（五）撥二十萬營國葬墓園。

至十二時散會，即回寓午餐。午後二時到中政會秘
書處，核簽文件五、六件。三時到軍委會核閱文件約二十
件。楊濟民來訪，贈藥物二種。五時卅分往見蔣先生，報
告今日中政會各事。陳端請見，奉諭由余代見之。六時卅
分往訪楚傖，談中央黨部事甚久。七時卅分歸寓。夜核簽
中政會文件二十一件。晏夫人來訪，十時始去。十一時
就寢。

3月4日　星期四　晴

七時五十分起。今日氣候較昨更溫和，庭園前和風
拂拂，有春氣矣。

八時卅分到軍委會，料理私人雜函件，發五緘，發
王孚川先生家唁電，孚老昨晚逝世，殊可驚悼。十時卅分
召集五組秘書六人開談話會，道鄰因事未到，指示各秘書
研究要項：

（一）國民大會及憲法草案；

（二）日德意三國協定之可能性及其影響；

（三）中國經濟建設方案；

（四）今年之國防建設與非常準備；

（五）教育改革及思想樹立問題；

並為各秘書演述三中全會後內外政治之趨勢約卅分
鐘。會畢後高秘書品參來談宋哲元之態度甚詳。十二時卅
分歸，一時午餐畢小憩，核簽中政會文件十餘件。三時再
至軍委會，汪組長來商工作分配事，核辦文電十六件，並

繕呈報告兩件。五時卅分枕琴先生來商介卿先生喪事之準備，七時歸寓。八妹、次行、挈嫺甥來余寓，夜閒談，至十時去。十一時十分寢。

3月5日　星期五　晴、午前陰

七時四十五分起。八時卅分到中央政治委員會。今日張、曾兩秘書長由汪主席偕同到會接事。由雲光、子鏡兩兄繕具人事及經費冊移交接收。秘書處工作人員現任者卅八名，存現金十四萬餘，暫記賬二十一萬餘。與張、曾兩君略談，即往軍委會。第十六軍軍長李抱冰（韞珩）來訪，慶祥亦來談，核辦文電七、八件。力子先生來談中宣部事。十二時卅分歸寓，午後小憩僅二十分鐘。又赴軍委會辦公，甘財廳長陳心銘君來訪，面遞呈文一件。四時參加行政院各部長之談話會，蔣先生指示本年度經濟方面之中心工作甚詳，並談及中日外交經濟考察團事，六時卅分始散。七時至中政會大廳宴張、曾兩君，並邀楚、力兩公及執監兩會秘書、本會各專委會秘書及常務秘書科長作陪，賓主二十餘人，至九時許始散。朱、胡兩秘書及吳、陸、楊三科長留談半小時，十時十分歸寓，十一時寢。

3月6日　星期六　微雨

八時十五分起。連日精神似較前稍佳，但睡眠仍不足。

九時到軍委會核辦文電十餘件，改定委員長在陸大將官講演紀錄一件，又校正與美大使詹森及日大使川樾談

話紀錄稿一件（川樾今日上午來見，清水董三及高宗武任翻譯）。十二時委員長約往談話，囑注意三事：

　　（一）重印自反錄；

　　（二）石丸藤太之蔣介石傳應校正，最好使華譯本終止出版；

　　（三）年譜印一萬冊，凡獻機者均贈一冊。

　　即在官邸午餐。徐主任次宸及吳、劉兩副主任均在座，餐畢回寓小憩，至四時始醒。核閱發文十餘件，又禁煙文件兩件，徐鴻濤君來訪。六時聞委員長決離京作三、四日之休息，決定以汪、俞二人攜電務員三人同行，七時送至下關民生艦，錢主任亦隨行，余奉命留京代為處理文件。八時歸寓午餐，夜九時往訪佛海於其家，公弢亦來談，至十一時卅分始歸。十二時寢。

3月7日　星期日　晴、午後晴

　　七時卅分起。今晨為遠兒敲門驚醒，因昨晚託其天晴來喚，而小孩以不雨為晴也。

　　今日委員長不在京，決心閒散一天。九時卅分到中央商場購備壽禮，以外舅公八十生辰將屆也。允默同去購磁器及織錦緞幛子一個，此為南京特有工業，然色彩圖案均非余心目中所欲選購者。又在張象發（府東街）購織絨無量佛一幅，擬送思圻哥，並為泉、皚二人購衣料。十二時卅分歸寓午餐，餐畢倦甚小憩。四時醒，遠兒以今日天晴，請求出游郊外，乃偕允默攜之往孝陵外觀梅，徘徊於

梅林者約一小時。南京氣候尚寒，綠萼梅多未開放，然已
極可觀賞矣。遇張岳軍夫婦及大公報與哈瓦斯記者數人，
岳軍卸職以後，大有身輕寡累之概。六時歸寓，夜張子羽
兄偕沈遵晦君（豫鄂陝邊區主任公署秘書處長）來訪，子
羽憂時心切，談大局甚久而去。甸樵夫人來訪，旋文曲、
恆章、蓋修、乾修來訪，皆為人事經濟有所請託，無法相
助，奈何奈何。十一時寢。

3月8日　星期一　晴

　　八時卅分起。今日正午蔣先生乘海籌艦到滬。

　　九時往北平路四十二號訪賀貴嚴公使，談國內外情
勢及今年內發展之趨向。貴嚴自去年夏間即以日本今後將
採南進北守政策，證以最近日荷折衝之成功，及川樾態度
與佐藤登台後之政策轉變，其言似可信。彼又謂，我國最
低限度之國防準備，不應限於物質，而改善軍事機構及切
實整軍實為必要云。十時到軍委會核辦文電十餘件。十一
時五十分歸寓。午後小憩二時卅分。到汪公館訪精衛先
生，代表蔣先生致訪問之意，並送照片。蔣先生將有晉綏
之行，擬代表中央向晉綏軍政長官宣達全會後之方針云。
三時卅分再到軍委會，核閱函電及譯稿報告等件，至六
時卅分歸寓。夜往新樂也理髮，九時往訪力子先生於其
頤和路二號新居，季鸞亦在彼，暢談至十一時卅分歸。
十二時寢。

3月9日　星期二　陰

八時十五分起。今日正午蔣先生由滬飛潯，午後登牯嶺。

九時到軍委會核辦公私函電十餘件，與荻浪通長途電話，知彼等今日動身，即派鄭鍾毓、黃居中午後搭差輪到九江再轉牯嶺，其餘人員均暫留京。味辛、枕琴、慶祥三君來談關於介卿先生開弔之籌備。十二時卅分回寓。午後天氣陰溫，甚感蟄悶，未去軍委會。四時徐主任次宸過訪，余尚未往彼處道賀，而勞彼先臨訪，殊自愧失禮。大抵余以身體關係，怠於行動，此等處疏略太甚，或間接誤公事，後當戒之。今日力子先生遷居頤和路二號，從此為鄰居矣。七時往彼家道賀，即被約晚餐，鄧寶珊軍長及彭震寰君等同席。九時席散。彭昭賢君同來余寓，談甚久。此人伉直廉勤，不稍假借，今再被任命擔任民廳職，在中央係惜才之意，而彼自身頗不樂往，故為余道其苦哀。李孤帆來談卅分鐘，十一時寢。

3月10日　星期三　雨

晨九時始起。以昨晚服安眠藥 Neurinase 二片，今晨覺不易醒。

午前中政會舉行卅九次會議，對於中國經濟建設方案，決定由正、副主席約人研究後再提出。又決定國葬、公葬辦法要點等，其他無重要案。余以客來誤時，未出席。軍委會送來文電三、四件，即批閱之。接牯嶺電話，

知慕尹等乘歐亞機到安慶降下，改乘江輪赴洵轉牯嶺。午後小睡二時醒。三時去中央黨部，出席文化事業計劃委員會。雪艇、公展、民誼、保豐、道藩、希孔均到，道藩主席，關於管理留學生辦法討論甚久，囑予及公展審查，六時卅分散會。到楚傖家坐談卅分鐘，發新聞一則，為蔣先生將請假事，先披露一些消息。回寓發陳公博一電（蔣先生名義），勸其到京就訓練部事。夜騮先來訪，談浙財政年虧三百萬。九時卅分詠霓來談甚久，商赴英賀加冕副使及財政預算等事，十一時卅分就寢。

3 月 11 日　星期四　晴

　　晨八時起。往首都飯店訪裴復恆君，談今年國內外情勢之發展。彼之觀察多與余吻合。回寓覆私函六、七緘，十一時卅分到軍委會處理函電八件，又閱情報等多件。枕琴先生再來訪，十二時卅分往建委會招待所訪稚暉先生，一時歸寓午餐。午後小憩二時卅分醒。撰綏戰陣亡將士追悼會祭文，張齡擬初稿，余改定之。夜無事，閒談而已。十一時寢。

3 月 12 日　星期五　晴

　　晨八時卅分起。張秘書來寓，商定追悼會文字。接牯嶺電話，知委員長明日將歸京矣。十時到軍委會處理文電六、七件，皆直接辦理，不以寄牯嶺。高宗武君來訪，談外交甚久。午後道鄰來談，勸予再就醫，其意可感。養

甫來談鐵道建設，津津有味。夜力子先生來。十時紹棣、
健中兩兄自杭州來訪，同往力公家，談話甚久。力公切望
健中助理中宣部事，而健中不欲離杭，最後決定商王新甫
擔任。十二時卅分歸，一時寢。

3月13日　星期六　晴

　　晨八時卅分起。接蔣先生來電，囑預備對日本經濟
考察團之講演稿，根據於總理對日演講，闡明兩國應完全
站在平等地位上相互提攜，乃可達共存之目的，對經濟提
攜，應以改正政治上不合理、不合法的關係為先決條件
云云。

　　撰外舅八十壽言，自午前十時起屬稿，至午後四時
始成，首尾約八百字。敘二十年來身世之變遷，及其所受
教於外舅者。既成，視之覺尚能抒寫性情，非泛泛應酬之
文。外舅見之當不我訶也。四時到軍委會，周至柔主任來
訪，談航委會事。五時慕尹、國華諸人均自九江乘機來
京，謂委員長明日亦可到矣。承命擬警校訓詞，未就即歸
寓晚餐。夜公弢來談，余覺有傷風，疲倦甚，遂早寢。

3月14日　星期日　晴

　　七時五十分起。昨晚患傷風，腹瀉、頭痛，今早大
感疲倦。

　　擬警官學校高級班畢業訓詞，列舉四要點，十時卅
分完畢，到軍委會核辦文電十餘件，學素於今日銷假。

十二時卅分回寓午餐，午後身體不舒，傷風發冷，小睡便起。為委員長擬對日本經濟考察團之講演詞，至六時猶未就，而委員長已自牯嶺歸矣。接電話招往談話，即置所擬之件而往見。晤詠霓、勉廬諸君。與慕尹談，知彼或有奉派赴英之希望，但聞孔先生忽又不願奉使赴英，不解其故。七時見委員長，報告別後各事。旋養甫來，力辭粵財長之命，其意在專任鐵部事也。七時卅分回寓，夜為委員長起草講演詞，長約二千五百字，至十一時畢。今日力疾為文字工作，而勉廬、詠霓等先後來訪，殊苦心不專屬也。年譜已印成，今日交來一部，溯中來訪，未接談。十二時就寢。

3月15日　星期一　晴

晨八時醒，倦極，且似有寒熱，不能起，乃再睡，至十時卅分始起。測體溫如常人，然甚怯寒而頭痛。聞近日南京患此症者甚多，蓋一種特殊之流行病也。

十一時到軍委會，核辦文電十餘件，葛秘書武棨來談甘肅事，以時遲不返寓，即在侍從室午餐，與汪秘書同食，便談侍從室各事。餐畢，真覺倦甚，不能支坐，乃就臥室小憩。忽復昏睡，直至四時始醒。伯鷹函示新詩二首，頗可誦。核閱委員長與喜多武官（今日上午會見）談話紀錄一篇，又核改中政校合作學院第一屆畢業訓詞一篇，並為委員長準備呈文稿一件，為向中央請假二月事。七時卅分委員長約談，命將招待日本經濟考察團之講演稿

改擬，以為說話太詳盡，反不好也。八時回寓晚餐，擬明
日遣泉兒先歸慈谿，料理雜務，至十時始得著手改擬講
稿。既成，交省吾繕之。十二時就寢。

3月16日　星期二　晴

　　晨八時起。九時赴軍委會，核發文電十餘件。將講
演稿呈委員長閱定後，即遣王秘書送往外交部，請高司長
譯為日文。十二時回寓，清理私人函件。午後三時赴軍委
會，四時到勵志社，校閱新聞稿，與高司長共同閱定後，
即交中央社發表。又發劉尚清、張篤倫各一電。委員長聞
外舅生辰，書「德高益壽」四字以贈，其意可感也。七時
卅分歸寓，整理行裝，決定明日赴滬歸甬。十一時寢。

3月17日　星期三　晴

　　晨六時五十分起。七時二十分偕允默同至下關乘晨
班車赴滬。午後二時到北站，六弟及六弟婦來迎，同至合
眾公司一轉，見芝芳兄，較前憔悴多矣。與慶萊等略談，
不及往視晚梅哥。三時至蒲石路六弟寓中小坐，六弟婦以
湯糰湯餅餉余等，見霸、巽二姪，益聰慧，殊可喜也。四
時卅分至寧紹碼頭，乘寧紹輪歸甬。夜八時服藥片後即
就睡。

3月18日　星期四　雨

　　晨六時舟抵甬埠，六時五十分乘甬曹車歸慈谿。褚

站長招待極殷渥。車中晤左湖先生，蓋亦往祝壽者也。七時四十分抵慈谿，即至楊宅，外舅與諸內弟笑迎於門次。八時卅分行禮，率諸兒叩祝。外舅姑均極歡忻，且謂余從百忙中竟能蒞至，為尤可喜也。仲車、左湖諸先生與外伯舅及微齋叔舅等先後來會，誦余所獻之壽序，謂能抒寫情感，曲折而達，惜稍嫌太長，不簡潔，當係匆忙中成之者。然外舅仍獎許備至，以為遠勝於六十歲時所獻之序。威博、曾祜、軒臣、菊庭等均從寧波來，今日雖大雨，賓客到者獨多，男女老幼當在二百人左右，外舅之喜慰可知矣。午餐後以幼度之邀，偕景垣丈及清奇兄往彼家敘談，威博及萬、先二君亦來會，煮酒共飲，談笑極歡。幼度枯寂如老僧，其身世至為可悲。談至六時始別。仍回楊宅。夜與外姑及二姨氏談不勝今昔之感。客散後又至志成室中長談，慰其抑鬱。十時卅分就寢，季剛弟與余同宿於書室，略談即睡。

3月19日　星期五　雨

晨七時起。外舅示余以編就待印之詩文集及自序稿各一首，並命余為之序。十時以謙夫先生之邀，赴縣中參觀，並向諸生講話。旋出觀建築中之新校舍，循談妙澗而至姜家岙，是間風景幽雅，異日得遂隱居之願，則買山卜宅於斯矣。十二時再入城，再至外家午餐，餐畢，叩別外舅姑乘三次車赴甬，允默偕福子甥女於午前先行，便往鎮海矣。四時登新江天輪，馬生積祚隨余同行。威博及李盧

谷君（厚衷）送於輪次。五時開船，六時過鎮海，遙望似
有晴意。夜浪甚大，未熟睡也。

3月20日　星期六　晴

　　晨六時卅分起。七時雇車至北站，以長途電話告京
友。八時搭乘首都特快車回京，車中晤戈定遠君，談甚
久。特快車過小站不停留，十二時四十八分即到下關，學
素等來迎，遂先回寓休息。至三時卅分起赴軍委會核辦文
電二十餘件，此次積件不多，蓋已隨到隨辦出矣。六時卅
分往見委員長陳明銷假。七時卅分回寓，與吟兄、學素閒
談。十一時寢。

3月21日　星期日　晴

　　晨八時起。今日覺頭痛，又有傷風復發之象，甚為
不舒。以聞黃主席慕松逝世，遂去軍委會辦發弔唁電，並
報告委員長。承命以繼任人選徵汪先生同意，遂電余主任
詢其意見。午後三時見汪先生，四時訪季陶，並與果夫通
電話，均贊成以吳鐵城市長繼任。夜再見委員長，報告接
洽經過，遂決以吳繼任。十時訪何淬廉處長，即託中央社
發表消息，蓋此職逐鹿者甚多也。十一時寢。

3月22日　星期一　陰

　　晨六時醒，頭痛欲裂，欲強起，覺骨痛不可支，似
有微熱，乃再睡，至十一時起。約學素來，接洽公事，將

所到函電分別核辦，交回處理之。午後二時到軍委會，勉
強辦事，並結束未了件多件。又閱廣州市預算一件。四時
邵力子先生及張岳軍來談，對滬市及行政院事均以為不更
張較妥。七時見委員長，報告若干事，決定以戈定遠任行
政院參事。八時歸寓晚餐，夜作私函數緘，十一時寢。

3 月 23 日　星期二　陰雨、下午晴

晨六時卅分醒，八時起。今日傷風仍未癒，手心微
熱，甚覺不舒。

九時到首都飯店訪戈定遠君，略談華北事，即偕往
軍委會見委員長。旋王亮疇部長來談。委員長決定於今日
赴杭州，卻以病請遲二日行，委員長允之，並決定新聞檢
查事務下月起歸中宣部辦理。旋即退歸辦公室，辦發文電
十餘件，命學素、省吾等先行。十二時委員長招往談憲法
事，旋偕同往訪汪先生夫婦，略談即出，至和平門車站送
委員長行，一時始回寓午餐，午後小睡至三時卅分醒。往
訪陳伯南代表黃麟書君，覿面幾不相識，蓋出國半月，健
談多矣。返軍委會辦發文件數件回寓，力子先生偕徐蔚南
來談，旋往訪楚公，為章嘉補國府委員事有所談商。七時
卅分歸寓晚餐。夜亦僑來談，攜文電三、四件，即辦發
之。十時允默自滬歸。十一時卅分寢。

3 月 24 日　星期三　陰雨、雪

晨八時十分起。昨晚睡眠不甚佳，雖服藥亦無大

效。安利納治初服甚好，至第五、六次後漸漸失效，今則僅能睡四、五小時矣。

九時到中政會，出席第三十九次例會，到者甚多，討論中央儲備銀行法費時甚久，結果修正通過。又討論預算法變通辦法及建設事業專款預算編審辦法，亦費一小時。又討論財部提出之籌措建設基金增稅案，亦辯論甚久。在會場中，接杭州來電話，蔣先生願以國府委員席讓章嘉呼圖克圖，即報告楚公，轉呈汪先生，待明日常會決定之。繼又討論例案多起，至十二時卅分散會，回寓午餐。午後小睡。道鄰來談，繼滄波來談。三時卅分到軍委會辦發文電八、九件，核定粵軍官分校開學訓詞一件。又審定石丸藤太所著評傳稿，開列意見，送經世社及汗血書店。派鄭鍾毓赴杭州攜去委員長日記一本，七時歸寓晚餐。龔欽榆（汗血社編輯）、李子翰、徐恩曾三君先後來談。與泉兒談下半年之出處，及諸兒升學問題。今日允默病瘧，發熱甚高，流汗甚多。夜十一時卅分寢。

3月25日　星期四　晴

晨九時十五分起。昨晚服藥兩片，就枕後仍不能睡，待天明乃覺疲甚，故晏起。天氣轉晴，而仍極寒，余所患傷風未癒，連日精神不振，又不能不赴杭，欲整理書件，只覺心思煩亂異常，蓋自奉化上海歸後，雖然常治事，實極勉強也，允默以為應有短期休憩，然何可得歟。

力子先生來談陝甘政情與人事問題甚久，又談宣傳

部事，兼及滬報管理與申報、神州日報及時事新報等發生聯繫之問題，十二時卅分始去。午後昏昏嗜睡，直至三時卅分醒。到軍委會核發文電十五、六件，接杭州電話，委員長盼余早日赴杭。余以各事準備不及，決於明日以汽車前往。七時回寓，聞同盟社大放謠言，宣傳中俄訂約云云，真風影之談矣。作私函數緘，料理行裝，十一時就寢。

3月26日　星期五　晴

整理行裝訖，以電話與曾仲鳴君略談，即至軍委會一轉，九時卅分由中山門出發，循京杭國道赴杭州。十一時卅分抵宜興，又一小時抵溧陽，車將到武康時，開行太快，過橋時車身劇震，幸未肇事。即戒司機降低速率，並告以此即翁秘書長汽車出事處也。京杭路浙江段灣曲太多，實有限制行車速率之必要。到吳興小作休憩，思進餐不可得，乃逕駛杭州。二時卅分到，僅走五小時，可謂快極。到新新旅館，詢知無空間房室，乃往大華飯店。五時往見委員長，報告各事，奉命擬電四則，即發出。六時卅分到六桂坊視大哥，即在彼處晚餐，詢知四弟有微恙，近已癒矣。祖望於八時後來談，秋陽亦來，唯貞柯患傷風，不能出門。夜以電話詢允默知今日未發熱。十一時寢。

3月27日　星期六　晴

晨八時卅分起。昨晚一時許始睡，但睡眠極酣適。

核辦文電十餘件，聞委員長近日不批閱普通件，已四日未將表文發下矣。與慕尹、荻浪諸君先後接洽各事。旋四弟來談。十一時藕舫來談浙大事，謂擬於兩年內完成必要之建築，須建築費百廿萬元，希望政院核准通過，此又為一難題，蓋本年度預算已甚竭蹶也。十一時卅分委員長招往談，適蔣夢麟在彼處。十二時偕慕尹、玉龍往王潤興午餐，餐畢回寓小憩。霞天來訪未及晤。四時四弟偕曉峯來談。閱蔣夫人之西安事變回憶錄。五時李子寬來訪，談禁煙及粵行事。旋賀元清主任來談川事，約一小時餘始去。驪先來訪，談紹棣消極之原因。夜核閱禁煙文件。五妹挈諸甥來談。七時到委員長公館看電影。八時五十分始歸。夢麟、文伯兩君來談甚久。十一時卅分上官紀青來談。十二時寢。

3月28日　星期日　晴

八時五十分起。今日似又感睡眠不足。

九時學素攜文件來，即為核閱。今日來電尚不多。十時曉滄來詳談，自攝生方法、教育方法、浙大近況及諸師友狀況，無所不談，先後約一小時卅分始去。奉委員長交下擬覆川劉電，因之竟未著筆。十一時李子寬又來談，蓋委員長甫自醫院歸，無暇接晤，命代見之也。皋、細兩兒以今日為星期來寓省余，而憐兒為預備大考未來。十二時挈兩兒到西悅來午餐，約黎叔、望弟及秋陽來同餐，結果乃為秋陽搶先作東道主。回寓後又小憩約兩小時。四時

醒，核辦文電十餘件。滬各團體呈薦公展為市長，未呈
閱。余直道而行，愛人以德，公展當諒之也。發私函數
緘。驪先、霞天先後來談。七時赴荻浪之約晚餐，晤孫濬
君等，荻浪為其妻妹孫女士訂婚，約同人共宴之也。夜黎
叔、仲未等來談，十時後始去，乃有餘閒清理應辦之事。
先為蔣夫人註釋字帖，校閱西安事變回憶錄，又草擬致川
劉一電，二時五十分就寢。用腦過久，又不能入睡。

3月29日　星期一　晴

九時起。覺頭痛異常，蓋昨晚睡眠不及四小時也。

九時卅分到澄廬，又見委員長請示陝、甘各事及粵
禁煙辦法等，略談而出。聞侍從室諸人言我等將於一日離
此赴滬轉奉化，余初以為有一星期在杭州，方擬約允默同
遊，聞之殊失望。十時卅分回寓，辦理本日文件。十一時
到南城腳下景雲邨訪紹棣，彼以社會、軍訓事與省府意見
相左，甚不懌，將有引去之意。竭力慰勸之。十二時到大
哥家午餐。餐畢往視貞柯，知其傷風略癒。一時歸寓小
憩。旋學素攜文件一束來，擇急要者先辦之。虎城等來
訪，未及晤談。四時到中央銀行訪于孝侯主席，談甘肅情
形。又與李志剛談甚久。楊、鄧均不在，留片而出。旋晤
項介人君，知宋先生亦未回寓，遂歸大華飯店，辦理文電
三十餘件。蓋今日委員長將四日之內文件同時批下，故特
多也。八時到大哥家晚餐，餐畢小坐，接澄廬電話，遂
歸。與南京張冲及何部長通長途電話，鐵城、同茲等均來

訪，客來甚多，十一時卅分寢。

3月30日　星期二　晴

八時卅分起。昨晚睡眠較佳。

九時到新新旅館訪李子寬先生未晤。歸寓後戴雨農來談，旋樊哲三軍長來訪，談西安事變甚久，憤慨之懷至今猶未泯也。十一時往澄廬偕竺藕舫校長及四弟同進見，承命發電三則，歸寓小坐。十二時偕慕尹往城站，晤閻幼甫君，略談而別。十二時五十分力子先生夫婦自滬來，迓之至中行別業，應騮先之約敘餐。到胡宗南、湯恩伯、鄧寶珊等多人。午餐後諸君相約同來大華，鄧寶珊兄留余室詳談一小時始去。學素攜來文電，擇其重要者辦發之。四時再至澄廬一行，六時到車站，代表委員長迎斯丹法尼顧問（意大利前財長），蔣百里、薛光前二君同來，均寓大華。斯等即應約往澄廬晚餐，為譯擬賓主酬答之詞，事畢，已八時。陪往澄廬後，即至大哥處，族姪吉芾在彼相候，晤談極歡。九時始在彼晚餐，餐畢，孟海等來談。十一時回寓，力子先生過余室談甚久。十二時卅分寢。

3月31日　星期三　晴

七時五十起。八時到澄廬，承命擬發朱主席一函。吳、蔣部長、谷司令等各電，歸寓後即辦發之。屢訪子寬未晤，至十一時以電話招之來，與談粵禁煙各事，並將批件面交。霞天兄等續來相訪，談紹棣事。十二時紹棣約游

留下，與力子先生夫婦同出游，至留下得月樓午餐，燒魚頭、煮青菜均極美。朱重光及其夫人（工程師）、胡健中夫婦均同席。旋至雲棲樓，又轉至九溪游憩久之而歸。學素送來文件一大包，因明日將離杭，余乃盡數整理之也。秋陽來談。七時再至委員長處一轉，辦發要電三則。七時卅分以黎叔招往六桂坊晚餐，談教廳與省府間之隔閡，深感無法調處。十時回寓，陳凌雲、譚九思來談，又與健中詳談，直至夜深始別去。

4月1日　星期四　晴、午後雨

　　晨八時起。八時卅分到澄廬，請示覆楚傖電，為沈、章諸人事，即回寓辦發之。今日委員長赴滬，余不願乘飛機，擬由火車行，先遣學素等赴奉化。十時呂攽先兄來，攜來石章二枚，蓬公所贈，篆刻均精良，殊可感也。再至澄廬，委員長命轉致省黨部諸人，各事須與省府合作，蓋因東南日報著編批評省府設施及紹棣消極兩事而發也。出澄廬後，由蘇堤往裡湖訪騮先，未遇，繼至省府，亦未晤。遂匆匆歸，發私函數緘。周市長來送行，望弟亦來談。午膳畢，赴車站，中途遇騮先，邀與同車，談甚久。一時五十分車開始行。過臨平對天氣轉寒，且下雨。六時五十分抵西站下車，胡副官來接，至霞飛路偉達飯店休息。約鶴皋、克成、六弟到老正興館晚餐。餐未半，委員長招往談話。八時卅分回寓，公展、公弼兩兄先後來詳談。公弼對時事新報有厭倦之意。兩兄去後，鶴皋約至其家坐談，吃蛋炒飯，談至十二時卅分始回寓。即就寢。

4月2日　星期五　雨

　　八時十五分起。遣汪秘書往訪孔特使，攜去「民國十五年前之蔣介石先生」十二部，請隨身攜帶赴歐，以備贈送。九時卅分到滄洲飯店訪立夫，晤淮南、子冬、棣華諸兄。力子先生亦寓滄洲，十時偕立夫、公展、力子夫婦等同至中央飯店，為孔先生送別。旋即至召商北棧，登維多利亞號送行。今日送客到者四、五百人以上，實為空前

未有。十一時四十分握別下船。人多而出口小，擁擠不堪
言狀，橋梯不勝載重，幾乎傾折，其險甚矣。上岸後偕鐸
民、力子等到雪園午餐，食牛肉盤甚美。蓋仿照日本料理
而改良之者。二時卅分回偉達飯店，核辦文電七、八件。
百川、開先、復恆、鐵生諸兄來談。六時卅分應公展之約
到新亞旅館晚餐。餐未畢，蔣夫人招往談話，商擬新聞一
則，說明委員長健康狀態及四星期內不見賓客之原因。八
時卅分回寓，撰發之。西亞來詳談，即託其攜交中央社發
表。旋何淬廉兄來長談。發電三則，十二時就寢。

4月3日　星期六　晴

晨七時即醒，未睡足，假寐至八時許起。聞劉海泉
先生（尚清）到滬，即往蔣邸報告委員長延見之。鮑使今
日亦謁見，談約二十分鐘。十時回寓，立夫來談：

（一）交通銀行改選董事案；

（二）沈、章等案；

（三）浙事；

（四）滬事；

（五）東北案及皖事。

立夫去後，鐵城先生來訪，談粵省府事，言支配人
選不易妥貼，極感為難云云。旋市府俞秘書長鴻鈞來談，
囑機要室編密電一本交之。十二時到叔眉家午餐，佩箴來
同餐，旋季純亦來談。餐畢回寓。關吉玉來訪，研究四川
省二十六年度預算，逐款詳詢，覺內容複雜，不易記憶，

約數日後來奉化再談。三時公展來送行，談滬市府各事。四時到招商碼頭上新江天輪歸甬，鶴皋來送行，亦僑今日亦自京來，到輪次相送。知委員長一時已飛奉化。明日為清明節，輪中乘客甚多，予與馬叔平同室，夜謝蒨茂來談，九時卅分寢。

4月4日　星期日　陰晴

晨六時卅分舟抵甬埠，學素等以車來迎，即上岸換車至溪口。七時卅分抵武嶺學校，錢主任甫起床，玉龍尚未醒也。小憩進餐後，鄧主任傳蔣夫人命，欲余往小洋房與端納同住，余不願示錢主任以歧異，使彼不快，故決定住學校。八時五十分往謁委員長，報告在滬所聞各方面之情形，並轉達鐵城、力子、立夫等所囑各事。今日委員長態度頗優閒，知坐對家山，其心境與在京時不同矣。談卅分鐘回武嶺學校，參觀兒童比賽，以今日為兒童節也。到會與賽之嬰兒（限三歲以下）達二百人，溪口鎮人口之繁密可見一斑。午餐畢，往公園附近所謂三層樓者參觀，此係極舊敝之東洋式洋房屋，今侍從室之機要科人員與二組、四組之職員合居之，顯得非常擁擠。午後小睡，約一小時醒。計劃自反錄一集及二集之出版事，夜無事，與慕尹閒談。本日上下午核辦文電十二件，皆不甚重要者。十一時寢。

4月5日　星期一　晴、上午陰

七時卅分聞書聲琅琅然，武嶺學校之晨間自習開始矣。即披衣起。覺氣候甚寒，詢之陳清亦云然。加衣二襲，始暖。九時學素來，核辦文電八、九件，擬改定自反錄序送委員長。嗣與慕尹談侍從室組織事，慕尹擬將總務組屬侍衛長而以第四組獨立為一組，不知其用意之所在。且其擬議之改善組織，欲將第一、第二處之名稱取銷，而復就原來參謀組組員酌額為擴大，余細加研究，認為如此改革，反使系統錯雜不明。午後約學素來商酌，擬仍保存第一、二兩處之名稱，而以原來參謀組折為兩組，一組司參謀業務與軍事情報，另一組司軍政及軍事教育、軍訓、警察、團隊等，至第四組則仍其舊（文書與機要），而五組則改為研究紀錄與編纂。今日為此一事，頗費思量，然終不易得調整之方法也。七時周特務員星環約晚餐，周新取婦，蓋補行婚宴也。與錢、何、邵、袁同赴之。夜接閱自反錄。十二時寢。

4月6日　星期二　晴

七時卅分起。天時晴美，較昨和暖，精神為之一爽。

校閱自反錄第三卷訖，覺委員長之筆墨自有一種真摯熱烈意趣。即其三十以前之所作者，亦不無可存。而近年思想益成熟，與昔時自更不相同。所可惜者，喜用長句，又用虛字尚不盡愜當（最喜用「其」字，多可刪者）耳。今日文電不多，僅七、八件而已。與學素商酌四、五

兩組之編制，擬具後送錢主任彙呈之。十一時俞大維署
長，江杓（星初）司長（技術司），自杭來溪口，偕之謁
委員長。江於兵工廠極有經驗，將奉派赴粵，來謁別也。
午後小睡。四時劉海泉先生（尚清）來。劉為東北老輩，
民國二十年時曾任內政部長，此次委員長擬以安徽省相
屬，辭之再四，卒不許，今已允為擔任矣。五時偕之謁委
員長，退就余室長談。此老年六十八矣，精神壯健，蓋得
攝身之道者。夜王惜寸先生來談甚久。十一時寢。

4月7日　星期三　晴

七時卅分起。余頭暈又劇，不知何故。

九時往見委員長，報告戈定遠攜來之宋明軒函，對
龍煙鐵礦及津石路似有催促急辦之意，尤以津石路為然。
委員長以為不宜辦，應令轉告宋善為卻之。又交下回憶錄
及自反錄序各件。

今日見報載經國將回國，本鎮人籌備歡迎之消息，
委員長亦甚不懌也。戈定遠君未奉准許突來溪口，奉諭代
見之。戈君告余，現代冀察政委會秘書長者為楊兆庚，字
鎮南，原任該會政務處處長云。周旋半日，談北方事甚
悉，就其語氣中測之，正自可憂。陝五區專員魏席儒及黔
財廳王惜寸等請見，均奉命代見之。席儒報告經費（請省
府發）及民團槍械等事，主張各縣保安隊之青年應抽調至
中央訓練。惜寸言黔省府人選不定，荒象已成，人心極不
安，繼任者應速定，且以非黔籍者為宜，又急求量移近

省，不願長此遠戍云云。今日偶與何、錢、汪等談，覺侍
從室中此疆彼界爭權奪利之風氣瀰漫於各層，退室自思，
余何如插身其間者，意極怏怏不樂。與學素出至田野間
散步久久而歸。張齡自京來，夜鬱悶益甚，略坐即服藥
就寢。

4月8日　星期四　陰、向午晴

七時四十分起，昨晚睡尚酣適，今日精神較佳。

核閱文電十餘件，午後續辦七、八件。近日來電漸
多。十時委員長招往談話，以自反錄序交下，謂可付印
三千冊。又命計劃西安半月記及回憶錄出版事。六區專員
徐箴（士達）來奉請謁，奉命代見之。徐專員為東北人，
中政會經濟專委員會之委員也。到任未久，與余談本區施
政計劃約一小時，人極精幹而見解不慎精到。又汪生榮章
（顧葆性先生之孫婿）來，亦代見之。擬為託中政校分發
至近省服務，蓋汪為該校行政組畢業者也。午後續校自反
錄第四冊，並以其餘數冊交張秘書分校之。五時再至委員
長處報告各事，奉命發電二則，一致楚傖，為國大選舉古
巴代表事，又一致薛岳，為黔主席事。晚餐後到校園及溪
邊散步歸，續校自反錄完。十一時卅分寢。

4月9日　星期五　晴

七時卅分起。昨晚又睡不適，今日頭暈怯寒，似又
患傷風。

　　上、下午核辦文電共二十餘件，閱高法院（江蘇）對沈鈞儒案危害民國罪起訴書，論證詳確而明允。沈等託救國之名，而作擾害秩序之行動，其動機或為不甘寂寞，或為弋名攫位，實至可鄙，而世人不察，奉為英雄，可深嘆也。

　　今日神思忽忽不樂，時萌引退之念。蓋侍從室環境特殊，余來此二年餘，對同事迄無深切之感情，彼等對我均抱敬而遠之之態度，而余於彼等亦常覺格格不相入，蓋大多數人言不及義、思不及義，唯知以挈較權利為急務，稍暇則酒食徵逐，只要瞞得過首領而已。余雖抑志相從，推誠相與，然徵逐既非所喜，隨和亦不能無限度，故終不能相水乳也。傍晚承命發邵力子先生電一件，為糾正申報對沈案之評論。夜鄭祖穆醫師來訪，對余病深切慰問，並極意勸慰，此君之殷勤甚可感也。十一時寢。服藥二片。

4月10日　星期六　晴暖

　　八時卅分起。昨晚安眠藥大發揮其功效，睡足八小時以上。

　　十時委員長招余往談，詢知失眠又劇，非常訝異。並謂介卿先生喪事將屆，對京滬來客之招待應早定辦法，然錢主任誘為此非我輩事，亦只得聽之而已。奉化縣長陳芝範君攜呂蘧孫書來見，求介紹工作，殊無以應。

　　昨日委員長手論，侍從室人員均須佩帶手槍，並每日出操練習射擊，蓋鑒於去年西安事變而發也。囑學素電

居副官調查第二處應需之槍枝數，擬彙請發給之。上下午核辦文電八、九件，近日來文甚稀少，想因各處均知委員長病中靜養，故小事不以相聞也。慕尹有請假將准之說，聞來者將為賀貴嚴云。慕尹既有乞退之志，而復欲改絃更張，殊覺其無謂也。方秀夫同學來談，導遊校內各處，並至其室閒談甚久。積泉之同學洪君來談，又手工教員杜君贈予陶製小鼎一件，極可愛。夜校閱自反錄。十時卅分寢。

4月11日　星期日　晴

七時卅分起。昨晚未服藥，睡眠又不甚佳。

八時委員長招往談，命擬對英皇加冕之感想一文，退歸室內，搜集材料，正擬動筆，而蔣夫人約往談，以為不如由委員長親函許閣森大使較為鄭重。以語極有見地，遂中止，甚佩蔣夫人所見之周到。蓋國際關係錯綜，對英推崇太過亦殊犯不著也。十時，溯中偕印刷所王君自南京來，接洽西安半月記及回憶錄之出版事，往返請示於委員長者數次，蔣夫人亦參加意見，最後卒以一萬元之酬金許與正中書局，以三年內獨家經售之權，即將原本校對一過付之攜去，並擬草約，由委員長核定之。今日核辦文電十六件，內容多極簡單者。午後樵峯、枕琴諸先生自京來，會商介卿先生喪事籌備事宜。傍晚偕荻浪往謁毛夫人於老屋，寬和慈祥，亦殊大方，聞經國且歸，笑容可掬矣。夜招學素來余室談久之。委員長命擬祭文，夜深未屬

稿，服安利納治三丸而寢，蓋今日未及午睡，遂覺頭腦沉
重不舒，故服安眠劑以鎮之也。

4月12日　星期一　晴、暖甚

七時起。昨晚十時即入睡，晨六時四十分醒，睡足
八小時以上。

為委員長擬祭兄文一篇，就其日記中所紀之語，並
參考其自定傳記而寫成之。八時卅分脫稿，清繕一過，即
送請核定。委員長以為立言得體，正如其所欲言。十時枕
琴先生召集各職員開談話會，討論喪儀及分配職務各事，
余被指定為招待員，與會者昧辛、樵峯、問涵、守梅、鶴
皋、濟民、士萍、慕尹、潁甫、祖漢諸君，午刻同至豐鎬
房午餐，參觀王太夫人之故居。十二時辭修自杭來，柳克
述及石祖黃（次公）二君同來，與談甚久。午後三時委員
長致祭於介卿先生之靈前，余為宣讀祭文。四時，侍從室
人員公祭，由慕尹主祭，陪祭者三十餘人。祭畢，遇黎叔
于廳次，與談浙教廳及侍從室各事，五時始別去。夜與慕
尹核定侍從室加給特津之名單，慕尹約同去奉化游玩，婉
謝未去。夜閱報，十一時卅分寢。

4月13日　星期二　晴燠、夜大雷雨

七時卅分起。贊侯偕荷君自滬來，往陪禮堂，謁介
卿先生之靈，略談而去。

今日為介卿先生開祭之第一日，四方弔客漸集，委

員長在病中，不能親自招待，余與慕尹等出而代為周旋，並以荻浪、明仁（邵存誠）、慶祥諸人參加招待事務，午前八時卅分行政院各部長官何、俞諸人均到，賀貴嚴、張岳軍、張文白亦來。侍從室中，頓時熱鬧。委員長病中不多見客，僅見岳軍、敬之二部長。與敬之研究軍事建設甚久。十二時余亦往見得聞其略。委員長雖在病中，仍一一指示精詳細密，驚其記憶力之強。十二時卅分偕何部長至蔣宅午膳，午後關佩恆、劉航琛二君來談四川預算案甚久。派定侍從室各職員參加祭禮執事，並往禮堂巡視一次。傍晚驪先、果夫、陸東、紹棣、烈蓀等均自杭來，稚暉先生等亦自京來，與果夫等晚膳於蔣宅。夜與慕尹談侍從室各事，慕尹求去甚切，而對室內諸務輕欲更張，不知其用意何在也。文白兄等均來談，枕琴先生來談明日致祭之次序，直至十二時始行就寢。

4 月 14 日　星期三　晴

六時卅分起，以枕琴先生約余七時到禮堂佈置一切也。

八時介卿先生公祭開始，今日弔客來者更多，力子先生及京中各部會長官、各方代表均集，首由林主席代表致祭，次汪主席代表張岳軍，次各部會、各軍事機關、次馮煥章，又次各省軍政界及滬上各團體，最後為浙省府，至十一時始畢。弔客數百人，不及一一交談也。委員長病中不見客，僅見稚暉、惕生、琢堂、新之諸人，伯楨亦進見。午刻陪同馮煥章先生到蔣宅午膳，

餐畢，在蔣宅之西樓露台上眺覽之。二時卅分倦甚，回
室小憩，三時十分即起。徐次長可亭來談，四時偕金融
界胡筆江、陳健菴同往見委員長，魏伯聰、徐次宸諸人
亦同時往見。五時偕胡、陳二君同出文昌閣，晤力子先
生，遂回武嶺學。蔣雨岩、王雪艇、吳禮卿諸先生談甚
久。夜與力子先生等談中央近事，再見委員長一次，出
與枕琴先生商定出殯儀仗，遂寢。

4月15日　星期四　晴

七時十分起。昨晚以疲甚，睡眠尚適。居覺生先生
今晨自滬來。

七時卅分往見委員長，報告介卿出殯儀式等式。並
以稚暉先生昨日下午在觀海衛附近汽車受微傷，奉命再去
電慰問。八時執紼諸君陸續齊集，徐可亭、陳差青兩次長
及黃為材處長、楊大光（班禪代表）君等並有書件囑為轉
呈，九時整隊自學校出發，儀仗從簡，而執紼相送者約近
千人，且不夾雜僧道，約行四十分鐘至公園，由地方團體
遮道致祭。諸賓客均止於此，不再前送。雨岩、岳軍、覺
生、敬之、力子等即在公園會談國民大會事，至十一時卅
分始畢，遂同至蔣宅午餐。與徐專員、林縣長（召宣）等
談本區政情，午後與蔣、居諸公續談，三時諸公皆去，四
時力子夫婦欲游奉化城中，與慕尹相伴同往朱守梅家，晤
問涵、孔儒、鶴皋等。主人治饌相餉，並為備水洗澡（因
武嶺學校之浴室不常開放，慕尹及余至朱宅洗澡）。十時

歸即寢。

4月16日　星期五　陰

　　晨八時起。力子、岳軍夫婦來辭行，辭修、恢先亦同行赴杭，送之門首而別。

　　今午蔣宅弔客大半均離甬，招待之役至此完畢。頓覺寂靜，然精神殊疲倦不可言狀。曾萬鍾軍長來見，為代接見之。

　　侍從室改組案已奉批下，第一處設參謀及軍政兩組，第二處設秘書及研究編纂兩組，侍衛長管轄總務、警務兩組，而衛士大隊之編制則大為擴大。慕尹意須擬服務規則，派邵、汪、莫、王四組長及秘書會同起草。

　　午後往謁委員長，見其精神殊疲頓。近日右肩關節發炎，脊椎附近之腰部作痛，且有齒痛心跳等。略談即出。至公園訪煥章先生，談約一小時餘，又徘徊公園中久久而別。夜與鄭祖穆醫師談委員長病狀，鄭醫甚以為憂，繼乃相偕外出散步，且談且行，至十時許始歸室。與允默通長途電話，十一時寢。

4月17日　星期六　晴、午後雨

　　晨七時五十分起。十時往見蔣夫人，商委員長療養地點與方法。鄭醫生主張入醫院，蔣夫人亦贊其說，余不甚謂然。以一則外間將多猜測，二則委員長心繫軍國諸事，若令入院與外界隔絕，反增其焦躁也。蔣夫人以為宜

詳酌之。十一時見委員長請示要件，決定皖省府人選等，退至武嶺學校，辦發文電八、九件。接寧波長途電話，知旋師到甬相候，多年不見，渴思一會晤，遂以侍從室事託汪組長，一時乘車赴鄞。逕至威博家與諸友驩敘。謙夫、健之、仲邕、伯曠、鐵珊諸人均來會，四時攝影以留紀念。蓋威博以余與旋師、謙公均曾任效實校長，同時在甬為難得之盛會也。夜與諸君話舊。宿於效實學校之教員宿舍——戴翹曾君（軒臣之子）之室，十二時入睡。

4月18日　星期日　雨

晨六時卅分醒，不能再睡，即起。

與旋師、仲邕、鐵珊諸君在教員宿舍閒談，宛然二十餘年前在效實教課時之情景。旋謙公、威博、健哥均來。早餐後作函兩緘，與諸君握別，即乘車返溪口，抵武嶺學校已將十時。聞委員長今日決定赴杭，乃匆匆收拾行李，並至文昌閣與慕尹同見委員長，略談即出，與荻浪、學素同乘三一八號車循東新蕭曹嵊路赴杭。十二時卅分過紹興進城午餐，餐畢續行，三時卅分到杭州，寓大華飯店二〇一號。委員長於一時乘飛機抵此，仍寓澄廬。疲甚小睡，六時起閱文電數則，則至六桂坊大哥處晚餐。夜黎叔、貞柯、無止、四弟、五妹及細兒等均來晤，十時卅分歸寓就寢。

4月19日　星期一　晴

　　晨七時十五分起。核辦文電十五、六件，近日不欲以普通件擾委員長之精神，而行政院自詠霓出國以後，無熟悉過去情形者，直接交辦，多不接洽，因之甚費斟酌也。

　　十時往澄廬見委員長報告關於國民大會事，楚傖先生等之來電及日前外交部所送之報告等，談約二十分鐘出。聞蔣公子經國昨已到杭，特往西冷飯店，偕竺培風君往視之。經國詢余國內對於世界新文學迎拒之趨勢，蓋誤以余為研究文學者也。余覺經國質直有父風，而在外十餘年，對國內情形或稍隔膜，宜有思想成熟之青年數人多與之議論，以增益其學識。十一時卅分歸寓，大哥來談，邀至其家午餐。餐畢，再至澄廬一轉，知委員長以家庭事心境甚不愉快。回寓小憩，四時卅分荻浪偕孫禮瑜君來訪，孫君研究金融經濟，今在中央銀行研究室，勗以搜集實際材料，談十分鐘而去。六時允默自京來，七時偕至大哥家晚餐。夜望弟來訪，發文電六、七件，十一時卅分寢。

4月20日　星期二　晴

　　八時卅分起。向午天氣鬱熱殊甚，可穿單衣。

　　九時接蕭書記自誠電話，知委員長將以今日上午動身，遂去澄廬，與慕尹等商準備出行各事。謁見委員長，奉諭余暫留杭待命，第二處僅汪日章偕行。又奉命擬發要電兩則，商定各組人員除警衛者外餘均暫留。十時卅分委員長偕夫人赴筧橋，乘機去滬，余僅送之門首，遂歸。竺

耦舫校長來訪，談浙大事，余神經作痛，勉強與之晤談約一小時。十一時卅分五妹、望弟來，偕四弟、五妹及允默等至太和園午餐。連日胃不佳，飲食均無味。餐畢到徐郵相地，以彼處有勤業紙廠空地擬出售，余久有卜居江干之意，故往視之也。天氣鬱熱，日光熾烈，炙背欲汗，遂匆匆歸。五妹留談家事。四時五十分偕允默、五妹到岳王路視細兒，參觀其校舍，復至五妹及升弟家一轉。此時心中忽覺徬徨煩躁不可耐，蓋連日為侍從室諸事早感不快，今日為勃發也。到黎叔家小坐，學素約黎、貞、酉、望諸人及余往大同川晚餐，酌酒二、三杯，鬱悶稍舒。九時五十分餐畢歸。秋陽來訪，未與長談。十時卅分寢。

4月21日　星期三　雨

晨八時起。昨晚服安眠藥三丸，睡眠較酣適。

九時以電話詢賈爾業愛路蔣公館，知委員長已於昨晚入醫院檢驗身體，余以在杭患小恙，託祥慶告錢主任日內擬不去滬。

上、下午核辦文電二十餘件，決定粵行營請示預算案等各件。劉湘請發振興公債一千五百萬，其用途未指明，擬交財部徐次長審擬，嗣聞行政院另有請示，亦遂置之。今日整日在寓靜息，心緒稍寧貼，乃知昨日之病由於接觸太繁，情緒太雜而起也。劉健羣介紹韓漢英師長（廣東文昌）來談關於軍務事，囑其見慕尹談之。傍晚錢主任慕尹託驪先轉言告余，暫不必赴滬上。驪先來談京杭道上

之匪案及浙事。七時偕允默到大哥家晚餐，餐畢，九妹、五妹、細兒等均來，正獲談間，接滬電話，囑余明日早車赴滬，殊覺不快，以電話致汪組長，告寒熱未癒，暫不能來，並發電致委員長及慕尹各一電。今日發致楚、力子各一電，命學素等明日赴滬。十一時卅分寢。

4 月 22 日　星期四　雨

八時起。學素、國華及黃司書居中早車赴滬。

繕發私函六、七緘，均為答覆請託等事。邇來易感心煩，而此等函件絡繹而來，欲一一應付，勢有不可能，若峻拒太甚，又覺不近人情，唯有隨到隨覆，以直言告之。而身畔有無一私人書記，遂多日久擱置者，此亦足使心理不快之一主因也。李基鴻為請歸併緝私分處又來電催詢，以委員長名義覆其希與黃處長妥商之。午偕允默赴大同川餐館午餐，允默食辣味漸慣，以為足刺激味覺，增進食量。午後無事，在寓與允默商進退問題，頗思俟委員長病愈擺脫侍從室主任之職務，以概管理不善，即應引咎而讓賢也。傍晚冒雨游蘇堤，覺無甚意趣，遂歸。晚餐用西餐。夜接學素兩次電話，往孔雀理髮，九時卅分歸。十時卅分寢。

4 月 23 日　星期五　陰、午後開朗

八時卅分起。覆校自反錄第一集，根據毛勉盧先生所簽之意見校正之。又續校第二集，篇帙既多，遂不免有

歧出及重複者，閱之殊覺心煩。

　　午後天氣開朗，思出遊，適健中來訪，談在京辦報計劃及浙省黨政諸務，長談約一時餘而去。接學素及荻浪自滬來電話，言委員長已出院，移住賈爾業愛路之私邸矣。五時蕭化之來談，以中政校改組案之呈表及致委員長書託其攜滬。竺培風來函，囑介紹一友人課經國讀中文，蓋令認識中國情形，擬介紹道鄰擔任其事。六時望弟、升弟、細兒等來寓，偕至王潤興晚餐，餐畢，到大哥家小坐，則大哥方獨坐，正欲覓人談話也。九時卅分偕允默歸寓。接立夫來電。十一時卅分寢。

4月24日　星期六　雨

　　九時十五分起。四弟、弟婦攜思佛姪來訪，思佛今七歲矣，仍憨態可掬，約盤桓一小時而去。學素來電話，報告滬上情形，詢余何日動身去滬，言下之意，極望余早日前往，殊不知余連日心緒不佳，幸而滯留杭州，尚可不發神經病，此種痛苦非同病者不知悉也。在寓食炒麵一盤，餐畢，開始覆校自反錄第二集，改定目次，至四時完畢。細、憐兩女來寓，允默偕之出外購物，余續理積件，並校西安半月記與回憶錄之文字。覆溯中、步青各一函，六時完畢，望弟來談。七時偕允默攜細、憐兩兒到王潤興晚餐，肴饌陳舊而惡劣，殊不愜心。八時卅分回寓，亦僑、省吾來談，旋史美誠君來，商定自反錄印刷式樣，以一、二集稿付之。十時美誠去，十一時寢。

4月25日　星期日　晴　午後雨

晨九時四十分起。作函數緘,交亦僑明日攜往南京。

十時四十分望弟來寓,知余將以午車行,謂今日星期,曷再留一天,可同往出游。余以連日靜憇之結果,覺頭腦寧靜許多,一經到滬,棲止無定,人士接觸縈繁,且逆知不快之事必多,亦殊不欲遽離杭州,使休養之功付於虛植,乃決定再留一天。並約貞柯來談。十二時卅分同至西湖王潤興午餐,食燻鹽肉,極美。一時卅分約黎叔同出游,先至靈隱寺,在寺外壑雷亭觀流泉,雨後水大,極壯偉,攝一影以留紀念,入殿隨喜並往觀羅漢堂劫後之遺跡,遇健中兄於冷泉畔,頗訝余何以未去滬也。三時卅分到九溪,觀游人涉水,在茶場小坐。歸寓與黎、貞二兄談個人出處。七時卅分約五妹、九妹兩女及黎、貞、望三兄至三義樓食烤鴨子。九時卅分歸,整理行裝,十時卅分寢。

4月26日　星期一　陰

七時起。七時卅分盥洗畢,整理各件,即赴城站乘八時車赴滬。允默送至車站而別。彼擬在杭再留一日,然後赴京也。在站遇秦潤卿先生,又遇葉秀峯君,自南京來,賫到果夫來函二緘,為川康問題及青海、甘肅事。車中晤邵毓麟,言即將出國,任橫濱總領事,與余談甚久,青年邁勇之氣極可羨。十二時抵北站,鶴皋、秋陽二君來迓,學素亦以車來接。鶴兄邀至其家午餐,

餐畢回寓。開先來訪。四時往賈爾業愛路見委員長，並核閱函電多件，五時回寓。公展來訪，談滬上工潮起伏之裡因。公展去後琢堂先生來訪，攜來徐次長可亭一函，為說明軍費預算事，又談農民銀行近狀。七時偕學素到同華樓晚餐，八時卅分歸。與學素談侍從室各事。十時叔眉來談。十一時寢。

4月27日　星期二　晴

晨醒，覺骨痛異常，疲不能興，九時卅分始起。

接蔣公館電話，即往見委員長，約略報告數事，承命擬航校畢業訓詞，授要點，約半小時而畢。十時歸寓，發電五、六件，慶祥偕其夫人來訪，十一時荻浪攜文電來，即核閱交還之。十二時荷君來訪，偕至華格臬路錦江川菜館午餐，並約伯楨、叔眉來同餐。餐畢，到霞飛路四明里伯楨寓小坐，三時十分歸寓。李贊侯君來談，與同往賈爾業愛路見委員長。四時二十分到東方飯店訪梁式堂先生，談華北情形及蓮池講學院等事。五時與式老同至賈爾業愛路，委員長以背痛未癒，就樓上小客室接見之。五時卅分送式老回寓，委員長為滬上工潮事有一極詳盡之訓令，寄俞代市長。六時學素送來文件三大包核閱，殊覺心煩不可耐。七時鶴皋約往其家晚餐。餐畢歸寓，佩箴來談。十一時卅分寢。

4月28日　星期三　陰

九時起。最近一星期晨起無在八時以前者，精神疲頓，晏起成習，奈何。

十時到賈爾業愛路見委員長，知已拔去病牙六顆，今日再去二顆，則拔牙之工作可畢，只待補裝新牙而已。報告數事畢，承命擬發要電三則，即回寓辦發之。又擬發賀于先生六十壽一電。十一時馮煥章先生派張鋒伯秘書攜函來見，為請求設法使蘇法院撤回對沈鈞儒等案之公訴事，以委員長養病，不理普通事件，作函婉覆之。十二時琢堂先生及中行副總裁陳健菴約午餐於南京路新雅酒樓，到者有子青、惜寸、懋卿、守梅及農行滬經理朱君與竺芝珊君，肴饌極豐美。三時餐畢，歸寓小憩。四時再到委員長公館，交下關於川事之電文一則，以無他要事，即回寓起草航校六期乙班飛行生畢業訓詞，至七時完稿。到叔眉家晚餐，九時許歸寓。與允默通電話，知已安抵京寓。核辦文電十餘件。十一時寢。

4月29日　星期四　雨

九時起。昨晚又服安利納治丸二片，但睡眠不佳，仍多夢。

上、下午兩至委員長處，命辦發數電，及指示宣傳事，均不甚緊要者。余連日見委員長，似彼欲有所囑咐，而欲言屢止者數次，知其病體不佳，精神疲勞，不願多言，然其心中對於內外大局必有隱憂甚深者也。力子先生

來，到滄洲飯店訪之。

　　十時卅分張季鸞君過訪，談今日要義為中央力量之強化，尤以開明軍人之精神團結為第一要義。對於國大選舉法組織法之修改，則謂輿論界異常滿意云。又談俄國鮑大使回華後，與胡政之談話態度較前明朗，顯見對我國策有轉變。午後四時到國際飯店訪胡適之，七時陪適之同見委員長，介紹協和醫院骨科專家孟醫生，略詢起居而出，未談大局，以委員長起坐見之，適之亦不欲久坐也。夜六弟來訪，談滬新聞界情形及自身出處，以公展託校閱之顧森千撰傳略，託其送去。十一時服藥就睡。

4月30日　星期五　雨

　　九時起。委員長以今日午後三時乘塞可斯機赴杭州。

　　核辦文電十餘件。十時馮有真君來訪，談中央各事。旋梁式堂先生來訪，談三點：

　　（一）謂憲章修改時何妨將國體一條內三民主義刪
　　　　　去（余告以不必，且不可能）；

　　（二）謂本屆國民大會舉行選舉，因總統之人選未
　　　　　定，畢竟留一各方面游移觀望之機會；

　　（三）謂委員長宜善養病軀，但須及早回京云云。
　　　　　反覆言之數次而去。

　　十一時子文來談建委會開放商股辦法，中政會聞有異議，委員長擬電楚傖向各委員解釋之云云。子文去後，即發致楚傖及汪先生各一電。到賈爾愛業路一轉，

決定今日赴杭。一時到北站，未及乘車，遂至江海銀行
訪洪苓西兄。旋彬史亦來談，兩君營業失業，均有鬱抑
不怡之色。四時回偉達飯店小憩，六時搭滬杭特快車動
身。車中晤姚味辛君，談甚暢。十時到城站，即至大華
飯店，十一時寢。

5月1日　星期六　雨

九時許起。連日天氣陰鬱潮濕，骨痛增劇，心跳亦間作，精神極不愉快。

九時卅分接電話往見委員長，命電喭楊效歐（卅四軍）軍長，並交辦軍事電兩則，又諭對坊間濫出傳記應有取締之辦法。退歸大華飯店，核辦文電十餘件，以軍事電送慕尹發之。慕尹對余時而虛偽，時而落漠，終若有所隔閡，雖其夫人極意周旋，形跡終不可掩也。十一時到大哥家午餐，與大姊等談家常。近日余心境極不舒暢，坐立行止，覺一無是處。二時歸寓。道鄰自京來，應委員長之命，將赴溪口為經國兄補習國文也。力子先生自滬來，偕朱仲華君來訪，四時偕力子、道鄰見委員長。五時再與力子往見委員長，談日本駐英大使吉田與賈德幹談遠東問題，我方應有對策。即擬一電致王外長，請其轉告英方勿中日人之計。七時力子去，悶坐無聊之至。夜黎叔、望弟等來談，亦覺無心酬對。九時卅分服藥二片，就寢。

5月2日　星期日　上午陰、下午晴

八時卅分起。昨晚睡眠甚暢，今晨精神似稍佳。

核辦文件十餘件，為親友作請託介紹之函三件，均無可推諉者。今日航空學校六期乙班飛行生畢業，委員長扶疾親往授憑，訓詞則由周主任代為宣讀，予因疲憊未往參加也。十一時卅分到大哥家午餐，四弟、望弟及族姪吉茀亦在彼。二時到澄廬見委員長，以察北匪偽有西侵截斷

平綏路晉綏聯絡之意，電閻、徐注意防範之。在寓小憩，
秋陽來談，瑣瑣勸慰，多不著痛養之語，他人何能知余心
乎！紹棣約郁達夫來訪，略談即去。六時偕學素約道鄰到
西湖王潤興晚餐，食醋魚甚美。八時餐畢，到新新旅館道
鄰寓中閒談，九時接電話往見委員長，為粵漢路廣九接軌
事囑電張公權部長，不用架橋，而用接軌。十時陸步青君
攜西安半月記樣本來訪，十一時喻相平來訪，旋與養甫通
長途電話。貴嚴自滬來。十二時寢。

5月3日　星期一　晴

八時起。昨晚睡眠又感不足，氣候鬱熱潮悶，甚不舒。

核辦文電十餘件，賀貴嚴君來談甘肅省府局部改組
事，擬以羅貢華任民廳，田崑山補省委，周介陶任秘書
長，並擬令暫兼建廳長。擬就任免案，請委員長核定後，
午後五時電行政院，明日提院議。十二時卅分應省府閻秘
書長約到樓外樓午餐，到霞天、凌雲、貴嚴、森文及王夢
等諸人。二時餐畢，回寓小憩，到三時醒。往見委員長兩
次，命辦發文電數件。又應蔣夫人約，往談搜集游記材料
事。蔣夫人有意著作，亦調節事務疲煩之一法也。與陳慶
雲談航校事及粵局。向晚極感不適。四弟來，未與詳談，
且對之訴苦悶。事後思之，殊不應如此。八時到大哥家晚
餐，夜貢華、步青來談。十二時始就寢。

5月4日　星期二　晴

八時十五分起。昨晚睡又不佳，三時後始合眼。

九時委員長招往談話，謂西安半月記及回憶錄內尚有應修改字句。又談中政校及教費預算等事，頗不以本年新預算內增加私立大學補助費為然，囑即電王教長詢問其事。十時回寓，辦發文電若干件，又發中華職教社二十週年紀念賀電一件。青儒兄來電話，談閩浙邊區最近匪勢。午後無事，在寓休息，秋陽來談甚久，不入耳之言，來相勸慰，只益增余之悲憤耳。六時卅分偕慕尹往何玉龍家晚餐，侍從室同人到者約二十人。九時卅分餐畢歸寓，朱重光、毛以亨二君來談。二君去後，頗思以夜間餘暑清理積疊未辦之件，而心胸怔忡雜亂，手指微感震顫，遂中輟。服安眠藥二片，就睡。十時後即朦朧入睡鄉矣。

5月5日　星期三　晴、熱甚

七時起。昨晚睡足七小時，但晨起精神仍極不快。

午前寓居未外出，忽覺眩暈增劇，而頭痛又大作，復就床小睡。甫合眼而荻浪來，攜文電甚多，即起批閱處理之。大哥又來約午餐，感其殷殷相念，再往視之。旋四弟亦來談，為余代擬二函，致石曾、稚暉二先生。代毛生無止請款赴法，即署名託四弟代發。坐談半小時，覺心中苦悶實甚，在兄弟之前，又不願稍露詞色，遂歸寓。續辦文電四件，氣候潮濕，悶熱益甚，頭痛心煩，殊不可耐。今日沙王（沙克都爾札布）、鄂王（鄂齊爾哈雅克圖）及

葛拉僧義喜（綏省府顧問）偕白音倉科長（福源，漢南）
均到杭謁委員長，余以病未出而招待。沙等遣白科長持片
致候，亦以病辭。夜慕尹奉命招待沙等，宴於鏡湖廳，遂
亦未往作陪。慕尹頗以此見怪也。晚餐不能進食。鄭祖穆
君來診視，囑服藥一丸，並邀余同出散步，直至淨慈寺以
南始折回，腿痠痛甚，遂寢。

5 月 6 日　星期四　午後雨

　　六時起。昨晚就寢後未能入睡，今晨五時四十分醒，
睡眠又感不足。

　　校閱講稿一篇，並為蕭生自誠改紀錄一篇，即交發
出。又重校回憶錄及半月記一過，一一改註，以掛號快郵
寄京，蓋正中盼望甚急也。今日氣候仍鬱熱，余病似一時
不能即癒，聞委員長又將有滬行，乃具書請病假五天。下
午得覆可，乃遣學素等赴滬，省吾等回京，而命亦僑暫留
杭。四時委員長乘塞可斯機飛滬，以侍從室託慕尹為余代
理之。旋亦僑來，批定四、五兩組人員名單，調亦僑為五
組書記。五時朱騮先兄來訪，談省政設施，頭頭是道，其
長才與氣魄均足令人驚佩，而各項政務均能舉其內容概
略，尤以談保安行政及建設與財政為能扼其要，實為前數
任所不及。今日來客造訪者有薛岫東（馮欽哉之辦事處
長）及司徒雷登等均來見。傍晚允默自京來視余疾，夜五
妹及兩女來談，十一時寢。

5月7日　星期五　雨、午後晴

八時起。今日精神仍疲亂，且有齒痛，胃亦不佳，諸病叢生，真以為苦。

午餐後到瀛洲旅館訪威博，即同往六桂坊視謙夫先生。四時偕威、謙及孟姪往游雲棲，徘徊竹徑中久之，覺胸次恬適。六時回大華飯店，蔣雨岩自京來，匆匆赴滬，未詳談也。夜貞柯、黎叔二兄先後來談，對余之健康、個性與工作困難問題，均以為無法解決，談至十時十五分別去。十一時寢。

5月8日　星期六　晴

七時起。以允默提議，八時出遊至平湖秋月，進藕粉作早餐。九妹聞而來視，約之同游葛嶺。自寶石山腳登山，經抱朴廬而下，十二時到新新旅館，遂自大華移寓焉。午餐後九妹去，小睡約一小時餘醒。謙夫、叔眉、荷君及大哥來寓相訪，談半小時，送之出門，遂獨遊瑪瑙寺久之，六時歸寓。秋陽來談，旋細、憐兩兒來，遂留宿。十時十五分就寢。

5月9日　星期日　晴

六時醒。七時許起，與允默同往湖濱散步久之始歸。十時四弟約張曉峯君來訪，以搜集游記材料事託曉峯，承其允諾。十一時望弟偕貞柯、黎叔來訪，四弟去而復來，即在新新旅館午餐，諸人均勸余勿遽赴滬，以靜養甫有效

果也。遂作函數緘，請續假五日。四時秋陽來訪，知今日不去滬，乃將各函交快郵寄去。傍晚偕允默游淨慈寺，夜無事，早寢。

5月10日　星期一　晴

七時起。偕允默出游，由鳳林寺至岳墓，步行至清漣寺，覺腿痠乏力，在魚樂園小憩久之始癒。足力如此不濟，可嘆也。仍循舊路歸，不欲再作靈隱之游矣。十二時到杏花村午餐，食鯽魚甚美。一時回寓，亦僑來談，決定以竺聖章補第二處之副官。傍晚得慕尹來電，言續假已批准，囑安心在杭靜養。酉生、迪先兩兄來，未晤談。夜十時卅分寢。

5月11日　星期二　晴

七時卅分起。接學素長函一緘，瑣瑣報告諸事，閱之殊不懌。外出至白堤散步久之歸。閱浙大出版之史地雜誌，心不寧定，一切都無意趣。午後雇舟泛湖，先至三潭印月攝一影，繼至白雲菴，又至高莊及郭莊（即從前之宋莊），均登岸游覽焉，自岳堤穿西冷橋歸。晚風拂面，田園山色青翠撲人，甚覺怡適。夜閱國聞週報，皋兒來談。十一時寢。

5月12日　星期三　晴

七時四十分起。盥洗畢，允默提議出外散步至西冷

橋畔，購扇子、剪刀等物，到平湖秋月樂天居麵館內進小
食，循孤山路而歸。忽接學素電話，謂彼等即去牯嶺，聞
此消息又似黑雲突罩於余頂，滿腦筋都是侍從室雜亂散漫
待余取決之事，心思突由寧靜而變煩躁。四弟擬約竺校長
來，不得不謝之矣。午後欲睡不得，抑鬱焦躁之病態又顯
露無遺。傍晚五妹挈約兒來寓探視，勸余決心引退。六時
九妹來晚餐後去，夜稍覺安靜，十時寢。

5月13日　星期四　陰

　　七時起，因昨日惱怒抑鬱之結果，今日心神仍不愉
快。允默言或係天氣之影響，蓋連日潮悶太甚也。作私函
數緘，將應覆之件料理之。四弟弟婦攜兩姪女來，亦引不
起余之歡心，蓋方寸間盡為煩思雜慮佔據矣。午餐後繼續
處理諸件，覆毛勉廬、葉溯中等函。又轉呈報告及電各一
件，擬呈贈書分配辦法一件，並函錢、汪及學素告病狀及
去牯日期諸函，均交亦僑攜滬。六時後覺胸次稍暢，偕允
默出游白堤，且行且談，約歷一小時歸。夜健中來訪，十
時寢。

5月14日　星期五　晴

　　七時十五分起。今日氣候晴爽，筋肉酸痛之患痊癒，
心緒亦較寬暢，知潮悶之天氣已過矣。與允默出外散步一
小時許，仍循西冷舊路至孤山，復穿道至平湖秋月，循白
堤而歸。十一時卅分與學素、荻浪在長途電話中接談，知

牯行或將中止云。十二時偕允默到大哥家午餐，午後遊虎
跑，又至理安寺遊覽，在九溪茶場小坐，游眺至晚而歸。
接佛海慰電，七時到五妹家晚餐，九時歸。十時寢。

5月15日　星期六　晴

六時十分起。以鄰室新來一客，為其聲所擾而醒。
既披衣起床，又覺頭暈，不欲在室內悶坐，乃往葛嶺游
眺。由寶石山腳上山，至抱朴廬畔而下。歸寓小睡一時，
始進午餐。餐畢，與允默商行期，允默謂精神如此，以暫
不銷假為宜，余實覺行止無一而可也。傍晚往游金鼓洞及
黃龍洞，七時歸。接學素、溯中來函，十時寢。

5月16日　星期日　陰雨、午後晴

七時十五分起。八時卅分皋兒及細、憐兩兒來寓相
視，擬往游桐廬，以天色陰晦有雨意，遂中止。九時駕車
至上城，偕妻兒同登吳山游眺，約二小時而歸。秋陽來
談，旋即去。今日杭州諸友公祭回風師於望苑別墅，余以
病未往。午蕭生自誠自滬來，言委員長即日將往洛陽，衛
士隊已先發矣。攜來中央政校十週年紀念訓詞稿，請余為
之改削，乃竟不能動筆，知腦筋實未健全也。午後小睡
起，靜坐移時，始克寧定，急將訓詞稿為修正一過，交蕭
生攜歸，並作兩函交彼帶去，託慕尹續請病假焉。四弟、
五妹來，略坐即去。傍晚散步，夜接學素電話，溥行中
止，九時卅分寢。

5月17日　星期一　晴、熱甚

七時四十分起。今日氣候驟熱，身心又感煩躁不安，與昨日傍晚以後之心境不同，且復倦怠不思行動。向午與允默出外散步，繞白堤穿孤山路歸，乃需五十分鐘，足力之疲可知矣。接京來電話，知一時不作他行，則余殊不能不早歸京也。午後燠熱更甚，五時出外泛舟一小時。夜市府舉行提燈會，慶祝十週年紀念，甚熱鬧。十時就寢。

5月18日　星期二　陰、向午晴、熱甚

六時卅分起。作私函七、八緘，覆外舅、圻兄、胡繩繫、道鄰、經國等，又為實之弟函楚傖先生請再續假若干日，蓋實之病尚宜休養也。今日手指微覺震顫，且屢作頭暈，十時卅分嵇季橘君來訪，謂余病宜以靜養為主，長此剝削，終非藥石所能為功。午後無事，檢理西安事變時之文電稿。允默忽病瘧，出汗甚多，至晚七時後始癒。今夜有月，在窗前靜坐久之。十時寢。

5月19日　星期三　晴、下午雨

六時卅分起。旅居覺心不安，天氣漸熱，遂決定今日回京。

盥洗畢，整理行裝，作五緘，分致大哥、四弟、廉先、健中、驪先諸兄，揭算食宿各費，自八日起至今為十一天，總計一百七十元，旅居真不易也。侍役招呼極周到，賞以銀幣十二元。八時到市上購鞋傘等物。八時卅分

偕允默乘汽車由杭市出發，十時卅分抵吳興，過太湖稍
停，一時卅分過句容，一時五十五分過湯山，二時二十分
到頤和路，途中行六小時，抵寓略進食，擬小睡不果。五
時學素來，言委員長近在北極閣暫住，四、五日內當不離
京，又告余以侍從室最近情形，其觀察容不免有神經過敏
處，又引起余之惆悵。學素去後心神殊不怡。夜與泉兒談
下年度工作。十時就寢。

5 月 20 日　星期四　陰

七時卅分起。昨日乘長途汽車後似覺疲勞，今日頭
痛甚烈，遂在寓休息，整理書件，未出門。午後上書委員
長告已回京，但病未痊癒，只能承命任文字之役，對侍從
室擬暫不銷假。七時委員長招余往談，命續假休息，且謂
暫可不同去牯嶺。又語余以今日在中政校演說之要點，謂
吾國人對飲食詩奕均有澈底研究，持續不斷之精神，與西
洋人之研究科學相似，如移此精神智慧於研究科學，則革
命早已成功矣。晚餐後往訪慕尹不值，至力子先生家坐談
約一小時歸。晤甘自明君。十一時就寢。

5 月 21 日　星期五　晴

七時卅分起。八時往富厚崗訪慕尹，略談而出。八
時卅分到軍委會侍從室核辦積壘之件，並接見汪、蕭、張
齡、慶祥等多人，旋新任二處副官竺聖章來見。委員長有
牯嶺之行，命一部同人先往，十一時卅分歸寓，覺憊甚。

今日擬呈關於川預算案之件兩起，近日川情變化尚不易決定。午後小睡，醒後頭暈異常。溯中偕吳秉常君來訪，談甚久，為半月記內容有所斟酌。晚餐後覺有微熱，甚不舒。十時卅分寢。

5月22日　星期六　晴、陰雨

七時起。到京已三日，而精神疲頓較在杭時為甚。頭暈劇發，且覺有微熱，測之則僅三十七度而已。擬強自振作，終不可得，悶坐又極無聊，天又雨，不能出門。以電話約佛海來談，知尚在鎮江，須明日始來也。族弟訓貴來訪未晤。午後又試為文字工作，乃竟不能下筆，苦悶之至，焦急之至。夜公弢來談，謂余病實伏於西安事變時透支精神太過，今乃覺之耳。十時寢。

5月23日　星期日　晴

七時卅分起。複閱西安事變回憶錄，將文中語意之不妥者標出修改之，得十八條。十時佛海來訪，慰余病，並詢近來服務情形，以所苦具告之，談約一小時。客去後即覺疲乏無力矣。十二時騮先來訪，談蠶絲改良事，約四十分鐘而去。午餐後小睡至三時卅分醒。楊濟民醫師來，勸余注射賀爾蒙製劑。五時滄波來談，晚餐後九時去。十時洗澡就寢。

5月24日　星期一　晴

七時卅分起。委員長以昨日正午由京乘民生艦西上，另一部侍從人員今日商輪離京。蕭秘書化之來訪未遇，閱其留函，知二組組長已委酆力餘擔任矣。俞書記國華來訪，略談而去。余今日精神仍極不振，楊濟民來寓，為注射ERUGON，須二十日之治療乃有效也。午後次行弟來，旋六弟來坐，露台上談一小時餘而去。夜無事，九時卅分服安利納治二丸，即就寢。

5月25日　星期二　陰

七時四十分起。修改西安事變回憶錄竣事。約溯中、步青兩兄來寓，共商決定之。溯中矜慎過甚，互商甚久，直至一時始畢。留共午餐，以事辭，可謂枵腹從公矣。午後小睡，神志恍惚，實未熟睡，既醒又再睡，至四時許起，頭痛不舒。接學素來電話，知委員長宿觀音橋，彼等已到山住英國學校云。夜改正六三紀念訓詞原稿，作語體，平衍無精采，去其甚不妥者而已。今日精神較好。十一時就寢。睡不酣。

5月26日　星期三　陰

七時卅分起。今日中政會例會，余以病假期內不欲多與人接晤，遂未往出席，今日精神又不佳，心思極不寧定，偶閱書報，即覺疲倦，似心不在焉也者。胃腸消化亦見呆滯，不思飲食，即紙煙亦覺無味。六弟來談久之，勸

余往滬上休息，以為較之蟄居京寓當勝一籌。然余自知此疾非移地所能瘳，須待其自癒也。傍晚攜樂兒到西康路散步久之。夜無事，閒談而已。十時卅分寢。

5月27日　星期四　陰晴

八時起。近日寓前有人興築新舍，工匠群集，煩囂之至。今晨五時卅分即醒，旋又睡去矣。作私函數緘，亦大覺費力，心思不能集中，真以為苦。上午立夫、楚傖兩兄先後來訪，立夫謂余之病源當由孤獨而起，宜常與友人往還，以破寂寥，則心自不煩矣。午後力子先生來談甚久，頻以靜心澄慮相勸，心知其意，終不能行，奈何！奈何！今日覺徬徨更甚。夜閱小說，從楚傖之勸也。十一時寢。

5月28日　星期五　晴

七時卅分起。身體日復委頓，原定一日銷假，知不可能，特電牯嶺請再展假期旬日。另電汪組長告病狀，以彼昨日有電來也。並致慕尹、學素各一函，召金省吾來寓，交其攜至軍委會拍發之。述庭來函慰病，勸余澄心為要。昨力子先生亦如是言之。良友之意均不可負。自今日起，決屏除煩慮，不復亟亟於求療，此心一定，當能日漸有效也。濟民來，為余檢視血壓，僅一百一十度左右。午後八妹攜嫻甥來視余疾，晚餐後去。閱小說，十一時寢。

5 月 29 日　星期六　晴

八時卅分起。晨醒覺骨痛，故復安睡。自到京後，不復在杭時之能早起矣。楊濟民君今日復來，為取血備檢驗，在左右臂上連刺三次，而得血量極少，攜去檢驗後，晚間來告謂，赤血球及血色素均異常缺乏，斷定頭暈之原因在貧血也。自午後起，背側近腎臟處隱隱作痛，久而未癒。傍晚接汪荻浪自牯嶺來電話，西安半月記暫緩發售。夜心緒又不佳。十時就寢。

5 月 30 日　星期日　晴

七時卅分起。金省吾攜來公私函件數通，即覆之。又指示辦理贈書之手續。九時佛海伉儷攜其幼女來訪，談一小時去。溯中、步青兩兄來，商談關於西安半月記出版改期之手續，兩君以預告已登出，突又變更，影響書局信譽，殊怏怏，一時始別去。午後電委員長商西安半月記事，仍請及早指定一發售之確期。三時子翰來訪，談京同學會各事及紀念邵翼如辦法。夜與泉兒詳談，指示其服務研究之方向。

5 月 31 日　星期一　晴

八時卅分起。近三日腰痛特甚，且與直腸牽連作痛，吸氣入腸，即隱隱作痛，不知為何疾也。以閒居太無聊，乃取西安事變善後中之來去文電依次清繕而彙編之。如溫理舊書，亦甚有味。今日楊濟民君為余注射

COMPOLON 肝臟製劑，此劑入肌肉頗作痛，濟民言，
至少須注射十二針乃可使血液復其正常狀態。傍晚力子夫
婦來訪，力子明日去牯嶺，以盧作孚函（介紹晏陽初、陳
筑山來見）託其攜呈委員長請示焉。夜十一時洗澡就寢。

6月1日　星期二　晴

七時十五分起。腰脊作痛處今日似已稍愈，但頭暈仍未痊。

余自四月初迄今，身心交病，已近兩月。當去年西安事變發生，家人即以余工作太勞為憂，乃自委員長由洛到京後，受命治事，較前加繁，而並不感覺特別勞疲，蓋當時神經興奮，他事均不遑計耳。此次突然頹衰，且恢復如此之難，均出意計之外。今既發現非常貧血，即應針對此症而下救治。連日注射藥劑，似已漸漸生效，唯當忍耐持久，以觀其後。蓋擺脫既不可能，即當摒除雜念，聽其自然，或較有益也。

午前整理舊稿，交亦僑攜去繕寫。午後往中央飯店訪川財政監理處長關吉玉君，商談四川國省聯合預算事，以川事複雜，變化難測，預算案之發佈不得不出以審慎。關君之意亦以為然。傍晚家人均往觀電影，余與吟兄雜談近事。夜十一時就寢。

6月2日　星期三　陰

七時四十分起。近日睡眠尚暢，而筋骨酸痛仍時作，晨起時每感精神不爽。

心緒殊散亂不能寧定，尚有待擬文字工作，均無心動手，閒坐又不可耐，乃取三、四、五三個月來之報紙彙閱，而選存其重要材料。自午前十時起，至午後四時卅分凡閱覽六小時，並未如何用心，然已覺疲累不堪，足徵健

康之未恢復也。

關佩恆處長來訪，攜示劉甫澄覆邱甲、劉航琛之電，對川康整軍方案之原議（即二一、二三、四四，三軍由綏署轉，而其餘部隊均直接中央），又表示絕對接受。佩恆認為其轉圜頗速，川局不致有問題。五時柳秘書劍霞來訪，商廬山訓練團教官人選。中有若干科目如田賦、縣以下款產、林墾礦業之處理等均極專門，而須有實地經驗者，不得不請主管機關介紹之。傍晚學素來長途電話，似盼余提早赴牯。十時卅分寢。

6月3日　星期四　陰雨

七時卅分起。今日氣候突變，陰晦鬱潤，且多風，著體則太涼，閉戶則太熱。

自卅日起，病體似顯有進步，血色轉和，精神亦稍佳，乃最近二、三天又轉劣，骨痛較甚，意緒大惡，念休假已久，何能再續，心煩不止。

竟日無事，繼續摘剪報紙上之材料，自晨九時至午後五時，始將三、四、五三個月之舊報理畢，再各歸類黏存於參考冊內。夜允默見余疲甚，為余助理之。所剪存者大抵為：

（一）演詞；

（二）要電；

（三）經濟建設事項；

（四）國民大會事項；

（五）中日問題；

（六）英美中心之國際關係；

（七）德義軸心之國際關係；

（八）災況等等。

午溯中、步青兩兄來談甚久，其時余精神極不爽，勉予酬對四十分鐘，甚以為苦，蓋為出版事也。夜接學素函，荻浪函，並附下委員長手函一件，惓惓相念，真不知何以報之。就寢不能睡，服安眠藥兩丸始入睡。

6月4日　星期五　晴

八時起。昨服安眠藥兩種，以久不服此，效用大顯，八時起床，猶覺未睡足也。

昨晚牯嶺又來電話，言第四組辦事人員不敷，近日文電稍多，有添派人員必要。乃令省吾準備明日赴潯登山，並作函分致荻浪、學素、達程三兄，交省吾攜去。辦發關於四川省二十六年度國省聯合預算之件，及批覆關、劉請另發二十六年度整理公債一萬萬（飭從緩議）之件。川省預算經核定為收支各八千六百卅萬元，支出方面：

（1）軍務費（四千一百萬，包含擬議中之屯墾經費七百萬）；

（2）政務費（一千六百萬）；

（3）債務費（二千八百餘萬）；預備費（一百另二萬）。

然今年旱災慘重，執行結果，收入方面恐難達到預

計之數也。午後公展兄來訪，彼方自廬山歸來，言委員長
擬於下月十五日起約各地學者舉行暑期談話會，分政治、
經濟、教育三組，又談滬上各事，臨行託其便中帶去二百
金交何西亞，以西亞去年來京相助，故酌謝之也。夜十一
時寢。

6月5日　星期六　陰

九時四十分起。昨日注射 CAMPOLON 劑，臀部作
劇痛，夜未安眠，故遲起。

十一時立夫來談，詢余病狀，切勸絕對靜養，勿縈心
於外物之變遷。謂煩惱何人蔑有，在善自排遣，我等既無
特殊嗜好之娛樂，則應別求心思寄託之所，或思索真理，
或研究問題，均可使當前擾我心曲之煩惱暫時退避。因述
彼近年竭力闡明唯生哲學者，誠知不免僭妄，然亦痛苦中
強自排遣之一方法，勸余亦信而行之。並述其於建立民生
哲學之理想，談約二小時而去。接謙夫函，貽余以聖經上
之二語，謂

"Peace I give unto you, not that the world giveth."

"Let your heart not be troubled, neither let it be
afraid."

午後五時偕允默往游後湖，環行公園一周，又至翠
湖畔散步。風甚大，著體覺寒，使人不樂，遂歸。夜偕吟
兄伉儷，允默及泉、明、樂往馬祥興便餐，八時四十分
歸，至新樂也理髮。十一時寢。

6月6日　星期日　陰晦

七時卅分起。趙君季俞贈余時花十盆，置之樓庭中，時聞幽香撲鼻，殊感之。今日天氣突變，陰晦，氣壓低，潮濕鬱悶，病體當之，易感不舒。接牯嶺委員長來電，覆余支電，囑令安心靜養。既感其意，亦復自愧。蓋余之大病即在「不能心安」之四字，每思克服，而不久即故態復萌，行年五十，轉瞬即屆，殆將以悔吝終其身，可懼可嘆。居書記亦僑來，接洽年譜贈書手續。又謂五組各秘書均極盼與余晤談，余囑其轉約於星期二到會會談。午後復注射 CAMPOLON 針，不復如四日注射時之劇痛，乃知日前所用之藥擱置太久，或已變質之故也。三時八妹、次行及陳曼祉、李恂伉儷來訪，五時去。晚餐後與諸兄玩桌上高爾夫球，覺無甚意趣。八時滄波來談，十時去。今晚精神極不暢，不知何故。十一時寢。

6月7日　星期一　雨

九時起。近日夜間遲眠，晨不能興，已成習慣，想因氣候關係也。今日天氣陰暗多雨，潮濕異常，蓋按照舊曆已入梅雨時節矣。

至曉峯兄一函，請其準備游記材料，於二十日左右交牯嶺備用，又致四弟、皋兒、黎叔、貞柯等各一函，又覆西亞函，僅此數緘私函，費去一小時又半，精神疲憊，尚未恢復可工作之程度也。周枕琴先生來訪，作致徐道鄰函，以委員長所贈之脩金託軍需署逕匯奉化。午後小睡一

小時醒，覺頭痛，遂起，一小時後始癒。傍晚覺得精神尚好，考慮行期，決定再留京五日，俟體力略為恢復後再去牯嶺，以不便屢瀆，遂亦不正式續假焉。傍晚馬巽伯兄來談，為部中調彼作總務司長事就商於余，余勸其尊重長官意旨。夜接學素航快函一緘，怨誹抑鬱，有乞退之意。學素對余備極忠懇，遭此歧視，自深憤慨，即覆書勸慰之。余今晚心境本極平和，突然又來此刺激，雖強自鎮定，終亦不能無介介也，直至一時卅分始入睡。

6月8日　星期二　晴、向午陰雨

八時卅分起。昨晚入睡太遲，服安眠藥兩種，勉強闔眼，今晨頭痛甚烈。

十時梅思平君來訪，知彼未就行政實驗區研究部事，近來閒居極無聊，擬參加立法工作。梅君對政治及法學極有研究，實一良好之立法委員，暇當為助成其志願焉。梅又暢談近來潛伏於黨政內部之隱憂，以為小組織相互擠軋爭奪之結果，足使一切既成努力等於枉費，慨然久之。十一時汪先生來訪，詢余病狀，備致勸慰，談二十分鐘而去。

見客談話後覺氣喘無力，始發現自己病象之嚴重。如此情形，日內決不能去牯，即電告慕尹再展行期。午後疲憊抑鬱，坐立不安，苦痛之至。允默以為不可使蔣先生久待，乃由默函蔣夫人告不能即行之故。傍晚外出散步，由西康路向西行，盡虎踞關之小道，約一小時許始回寓。

陳辭修君來訪，所談又多可悲觀之事。夜精神仍不振，十時卅分寢。

6月9日　星期三　晴

　　九時起。連日腸胃呆滯，胸部煩懣，偶談話稍久，即有氣喘之象。

　　十時卅分正悶坐無聊，時裴復恆君來訪，延之長談。復恆頭腦澄靜，有毅力，其見解頗多獨立不移處，近兩年專心辦學，極肯用真實工夫，為余談其辦學之心得，及對現時教育之意見，有極警切中肯者。如謂目前第一需要在訓練各種技術人材，洵能從此著手，而從實質上將國家現代化，則理論左右之爭絕不值得重視，而將自然消滅也。此語真有見地。午餐後復恆去，三時小寐，聞季陶病仍未癒，久不相見，馳往湯山省視之。晤鄭漢生君，黃埔二期生，駐法武官也，相與閒談，至六時始歸。夕陽在山，城郊風景亦極清佳，然無心賞玩，知精神與情緒劣極矣。夜力子夫婦挈其女來余家敘談良久而去。力子甫自牯嶺歸，知委員長對川局仍苦心措置中。十時五十分寢。今夜延鄭祖穆醫師來診余疾，斷為機體大體良好，病源何在，須詳細檢視方知云。

6月10日　星期四　晴

　　八時卅分起。今日天色晴朗有南風，較昨前兩日為舒爽。

　　九時謙夫先生來訪，堅勸余以身體為重，應立下決心，請一較長期間之休假，不宜因循忍耐以自貽誤。彼此次接余兩函，知病狀如此，極不安，故特由滬來京，專為此事向余切勸。並攜來大哥一函，有「弟宜直告介公，請三個月之病假，方是療養辦法。若帶病苦幹，直是與生命相搏，決非介公所以待弟之意。介公若知弟真病如此，必不相強也。」之語。手足朋友之關切，殊令余感動不置。謙夫遂留余寓午餐，雜談近事，以慰余寂寥，兼及宗教修養，語似望余涉獵聖經也。任生士剛為參加國貨聯營公司董事會來京，亦到寓探視余疾，午餐後士剛先去，謙公坐談至五時方去。

　　夜剪貼本月份報紙，讀沈鈞儒等答辯書，主張姑不論，其人格極可鄙矣。十時就寢。

6月11日　星期五　陰、夜大雨

　　八時卅分起。昨日注射 CAMPOLON 處作痛甚劇，坐立不安。

　　今日氣候愈陰鬱，精神上大受影響，在此四、五日間，竭力自制，勿使煩懣之念，擾余心境。但體力與氣候交互影響，使余完全失去忍耐之力，不獨腦部漲痛，而心緒沉悶更甚，悲觀失望，一無光明可尋。合眼則作疲神勞力之夢，靜坐則起循環悲憤之懷，長此以往，勢將形成心疾，奈何！奈何！向晚覺骨痛異常，且似週身發冷，即就床安睡，以體溫計測之，則為三十七度三。熱度並不甚

高，又非瘧疾徵象，究不知為何病也。接四弟來信，勸予
向委員長直陳病況，請假二、三月，移地療養，其惓惓相
念之情，欲言又止之意，充溢於字裡行間。五妹亦函允
默，詢余病狀，骨肉關切至此，而余終無法以慰之，悵悵
如何可言。今日為允默撰沈銳涓女士六十壽辰徵集紀念獎
學金啟。夜十時卅分寢。

6月12日　星期六　陰

　　晨五時即醒，然覺倦甚，乃服 EVIPAN 半顆，再睡至
九時十五分起。季鸞來訪，未晤。盧參謀集賢自牯嶺來，
攜來學素函及鐵城、辭修各一電，知余被派為第一期訓練
團團附之一。又攜來古秘書函及蔣夫人所贈之回憶錄英文
本一冊。蔣夫人並有覆允默函，囑余安心靜養，勿亟亟去
牯，且謂委員長已知余病中之情況，決可相諒云云。

　　十時佛海來訪，談暑期訓練、教育趨勢及思想善導等
問題，相互慨嘆於小組織各自發展之流弊。佛兄主江蘇教
育已六年，潛移默化，其效大著，然最近輒感牽掣與不能
貫澈主張之痛苦，於此知政治上偏見存在之危害甚大也。
談一小時餘而去。

　　午後小睡一小時。讀回憶錄之英文本，描寫生動，
理致清晰，自是佳著，然措辭有太激直處，對西安事變中
軍政當局採取嚴峻政策，不無指責過當，是其疵病耳。夜
十一時寢。

6月13日　星期日　陰

八時起。昨晚未服安眠藥，直至二時後始入睡。

今日為舊曆端午節，余所對居門之建築工人均以節假休息，邪許之聲頓寂，四周環境稍覺清靜。蓋此次到京養病，適值新住宅區興築頻繁之時，自晨至暮，常為工匠喧呼之聲所擾，而余之腦筋乃不能承受如此沉重之聲響，可見疲弱之一斑矣。

何方理君來寓探視余病，並餽藥，允默堅卻之，何君不肯攜回，強留之而去。

閱大公報記沈鈞儒等案（十一、十二兩日審理以被告聲請主審官迴避而停止訴訟程序），鋪張揚厲，將被告之照片及手蹟特刊顯著之地位，似欲捧之九天以上，以反證政府與司法機關檢舉之不當。社會本多盲信，青年尤乏判斷辨別之能力，如此利用新聞政策之轉變，造成西風壓倒東風之景象，真有失輿論之尊嚴，余於該報漸生輕視之心矣。夜十時卅分寢。

6月14日　星期一　陰

八時卅分起。昨晚服安利納治兩丸，自十一時卅分入睡，至七時卅分醒。今日自覺精神較爽健，看書作事，亦較有興味，想因昨晚睡眠酣適之故也。

居亦僑來寓，攜來待解決之文件三、四件，即為處理之。並以雞山小學建築捐款託其匯交叔諒。又果夫託轉呈請補助禁煙經費件亦交彼攜會，明日託航機寄牯嶺。

午後二時往鼓樓醫院檢驗身體，先由鄭祖穆醫師作聽診，繼取血交驗，又至 X 光部攝製病齒影片五片，攝肺部全影一片，驗得體重，為九十八磅，四時卅分歸寓。五時接委員長來電，為「民國十五年前蔣先生」一書交中華改印普及本發售，以其版稅補助奉化教育經費事，即轉錄分送勉盧、樵峯二君。六時周枕琴先生來訪，彼甫自牯嶺歸，告山中同人均安好。夜閱張道藩君所著「最後關頭」劇本。十一時寢。

6月15日　星期二　晴

晨八時起。昨晚又服安眠藥片，睡尚暢。

發私函數緘，並函四弟告近狀，且商雞山建築捐款事。午後接委員長寒機電，為發行年譜事，即分別函告勉盧、樵峯二君。三時赴鼓樓醫院繼續檢查身體，驗血結果，赤血球為四・五一〇・〇〇〇，白血球六・六〇〇，血色素百分之八十一。據醫生言，此已距正常狀態不遠，僅為輕度貧血而已（憶半月前由楊君驗血，赤血球僅為三・五〇〇・〇〇〇，則近來診治顯已進步也），糞便亦無異狀，小便酸性，無蛋白質、糖質等。又X光攝視肺部僅左肺有二小斑點，為早年有TB殘留痕跡，他亦無恙。至齒牙壞者四、五枚，則應拔去云。繼至眼科部檢視眼珠浮面之白點，用藥液放大瞳孔後再檢視眼蒂，醫言，余之右眼散光，左眼散光兼近視云云。五時歸寓，以瞳孔放大，不能視物，靜坐而已。六時皋兒自杭州來，夜九時半

潘伯鷹來訪，長談一小時許去，十一時卅分寢。

6月16日　星期三　陰晴

晨八時卅分起。昨晚亦睡足七小時。以瞳孔放大未收小，故目光模糊，不能辨物，閉目靜養而已。

接學素航快函，附道鄰函，又接委員長航快函，言第五組即研究秘書應分黨務、政治、外交、經濟各省市區等分股，接洽公文及研究，並囑物色人才，以充實之云云。此事委員長期望已久，然以侍從室之性質及組織特殊，甚難實行。蓋以過去經驗言，文書與研究工作不易打通，一也；人才難得，甄用進退更易牽涉到不易解決之困難，二也；急功自見好出主張者多，而平情虛心肯研究者少，三也。余長第五組二年餘，毫無成績，自疚至深，今委員長注意及此，唯有徐徐策劃之而已。皋兒以今日入鼓樓醫院為實習生，晚餐後移入院中居住。夜滄波來談約一小時。十時卅分洗澡就寢。

6月17日　星期四　晴

七時四十五分起。昨晚睡多夢，醒時又覺頭痛異常。

覆外舅函，告諸兒下年就業就學情形，及病中狀況。又覆貞柯、秉琳各一函。正中書局送來粵人某君所編之蔣先生傳，囑余校閱，近來此種小本傳記及言論集等坊間多版殊多，內容多輾轉摭拾，甚無足取，此編亦無甚精采，殊無出版價值，即覆函以此意告之。居書記亦僑自會

來，攜來關於分發年譜之各件，即為處理辦發之。計分贈購機祝壽各機關四千冊，學校及圖書館一千冊，軍隊等一千三百五十冊。

午後注射 CAMPOLON（第八回），臀部又作痛。三時到鼓樓醫院診視眼部，配目鏡一副。主任醫師告余常御目鏡可減少視神經疲勞，則暈眩頭痛自止云云。五時回寓，剪集一週來之報紙材料。允默患牙疾，舌端稍有糜爛狀，頗鬱鬱不怡。夜十時卅分寢。

6月18日　星期五　陰

七時五十分起。昨夜睡尚酣，唯夢中多盧山事，可見心不能閒，休養無益也。閱國聞週報最近兩期關於國際時局及經濟事情之專載八、九篇。既終卷，覺視力頗疲倦，始知余之目光近來散光現象日見增加，確有矯正之必要也。

丁默邨君來訪，轉述賀元靖君之意，託余為渝行營事向當局有所陳述，且謂在杭相晤，思就余詳談而不得間，故託丁君為之轉述云。丁並為余述其療治神經病患之經驗，勸余服中醫之藥，以為西藥注射見效雖速，而不能維持久遠，中藥則初服時似平平無奇，而過後乃漸著其效。往往冬間服中藥，至次年夏秋而其效彰著也。李子翰兄來訪，談在鐵道部服務情形，頗思捨去，意殊悒悒。午後小睡起，覺精神有進步。讀書久之。傍晚次行弟來談。晚餐後又忽覺心煩不止，莫明其故。十時卅分寢。

6月19日　星期六　晴

晨六時醒。忽然雜念紛起，覺非即日去牯嶺不可，百計鎮靜，不能入睡，七時十五分起。

接學素來函，謂余病殆由憂患所致，為根本治療，

（一）唯有積極興奮；

（二）則決然引退；

如兩者均不可能，則將始始終終為憂患所困，而不能自拔矣。其言極確當，即覆彼一函，告以檢驗後之病狀。以山中事繁，擬即扶病來牯，進退問題當俟暑期終了後考慮之。十時公展自滬來訪，談暑期廬山名流會談事。又談沈案及滬上輿論，聞諸青來等發起民主憲政座談會云云。民主二字，今後將成極時髦之招牌，一切牛鬼蛇神又須假此紛紛活躍矣，言次相與嘆息不置。配目鏡二副，今日送來。一為遠視用，一為讀書用。試之皆不合式。此次檢視目疾，毫無結果，堪為懊恨。午後濟民來，為余驗血壓，仍不足百十度，又心臟音極微弱，今日精神極苦悶，極徬徨，忽忽若有所亡，又鬱悶難忍，如此下去，真成心疾矣。奈何！奈何！傍晚覺有寒熱，且極倦怠，測體溫為卅七度四，八時強起進餐，似稍愈，九時卅分寢。

6月20日　星期日　晴

七時起。今晨心緒稍寧定，精神較昨為佳，當係睡眠充足之故。

八時偕旦文姨氏及允默往山西路小學參觀該校成績

展覽會，校長郭法周君出而招待，成績分高、中、低年級三部陳列，遂、遠兩兒均在該校三年級肄業，故允默等在中年部陳列室參觀最久，約一小時許始畢。校長請批評，題「教學周到」四字。

向午趙述庭兄來訪，蓋數月不相見矣。談立法院近況及於對傳聞中擬改學制之意見甚詳。述庭反對中學改五年制，以為利不十不變，法不可多所更張也。又雜談中政會教育專委會情形及對於銓敘法規施行之所見，約一小時而去。午餐後小睡卅分鐘。楊濟民君來，為余診疾，並注射 HOMBREOL（今日止已注射十二針）。決定暫停注射，以肝臟劑已注射 33C.C，而注射後常作痛也。五時聞陳辭修君已自牯回京，訪於其寓，彼已將余病狀報告委員長，並勸安心靜養，勿急急去牯云。夜十時卅分寢。

6月21日　星期一　陰、是夜大風

晨七時卅分起。連日心思愈煩亂不安，身體各部疼痛亦繼作，痛苦較月初為甚。

閱報載，近衛內閣將對川樾發歸任新訓令，仍以廣田三原則為出發點，先謀中日間各懸案之解決。將先從易解決者如某項交通問題及華北經濟開發著手云云。各報登此消息均不免作悲觀之揣測，以余觀之。殆為日方事前一種試探，故略放此項消息也。自西安事變結束後，日方高唱「對華新認識」，而實際則為靜觀主義。靜觀者何，即欲覷我之隙而猛以乘之也。國人一面苟安，一面虛矯。乃

竟以為日本將主動轉換方向。此本樂觀太甚，宜其又有今日之悲觀矣。公發來談良久，暢論今日新聞界各項問題。

　　午後楊濟民約夏禹鼎醫師來為余診疾，聽診各部，斷為先天性一般衰弱。而此次之病則為疲勞後之反應，亦未特為處方，囑靜攝多運動而已。傍晚八妹挈嫻甥來寓，晚餐後敘談久之而去。十時洗澡就睡。

6月22日　星期二　陰、下午晴

　　七時十分起。昨睡尚無阻礙，然亦僅睡六小時。

　　接廬山譚局長來電，為接洽圖書館贈書事，即以原電函交徐道麟秘書。又致慕尹、荻浪各一函，說明病狀及一時不能去廬山，並覆古達程秘書一函。

　　今日精神仍覺散亂，惟腸胃機能略見恢復，當係一星期來服果子鹽之效。閱中華日報社評「歐洲與美國」，證引豐富，理論有獨到處，而筆墨之透闢精悍，在攻勢論戰中有靡堅勿催之概，署名曰「蘭」，不知為何人手筆。中華日報近來常有好論文，於國際事情及經濟金融尤多佳著，必有名手參加撰述，暇當訪問之。

　　午後往訪張岳軍，擬詢問廬山談話會事，值外出未遇。至五台山村訪淬廉，傅佐路訪蓬孫，中央飯店訪蔣養春，均未遇。繼至陵園小築訪張溥泉先生，為述其女公子被騙事，約一小時許而歸。夜九時卅分就寢。

6月23日　星期三　晴

七時廿五分起。今日精神尚佳，唯兩目眼簾作痛。

趙季俞君來訪，言蘇教廳調彼任南通民教館長，彼任南京民教館一年，方將著手推進實際工作，殊不願他適。余為之轉詢佛海兄，佛兄謂調動係就人地相宜，囑轉勸季俞往就。午後季俞來，竟從余之勸勉，允就南通事，然意快快，自謂拘謹之性不宜於處世。余告之曰，爾我情形正相同也。季俞為之莞然。

張子羽君過訪作長談，子羽咯血症未減，夜眠盜汗，其病狀可憂，然仍不忘國事，談西北回民教育及回族團結事甚久，情感熱烈，湘士之本色也。午後溯中來，亦長談一小時餘而去。談教育、文化、出版及陝北問題等甚詳，且勸余宜移地靜養。四時圻兄自滬來視余疾，半年不見，互談別後情況，九時始別去。今日見客談話太久，精神遂覺疲勞，不能復支。十時卅分寢。

6月24日　星期四　雨

七時四十五分起。昨晚睡眠又不足，起覺頭痛。

九時遣車至中央飯店迓圻兄來寓，閒話家常，兼及身世，圻兄疊遇家難，困苦憊至，近年棲止海上，常覺無聊，今所營之金號又結束，蓋有茫茫何適之感，余為盡力譬解之，然無術以策其後也。徇圻兄請，為作函致紹棣兄，介紹胡甥繩繫事。胡甥畢業浙大教育學系，思謀一服務之所，奔走三月，迄無所就。青年失業問題，嚴重極

矣。午後三時圻兄回滬。今日天氣霪雨竟日，潮濕特甚，
兼以與客長談過久，復有疲憊不支之象。讀瑪志尼「人的
義務」，於其第五章對國家、第六章對家庭、第七章對自
己之義務，均覺警闢絕倫，而其論家庭一章尤有獨到之
語。此等教育名著，與近時教育政策多可互相發明，乃至
今年一月始有譯本，中央對出版方面不能不謂忽略矣。夜
十時卅分就寢。

6月25日　星期五　雨

　　晨七時四十分起。近日腸腹滯積之疾漸愈，唯食慾
仍極不振。

　　鄭祖穆醫師貽余褐色藥粉一種，云服之可以增加體
重（此藥為上海王醫生所製，係試驗中之新藥，尚未定藥
名）。余已服食一週，未見有何功效，今日再寄余以半月
服用之量，擬續試之。余病經兩個月之休養，不但毫無痊
象，且疲勞抑鬱，轉日見增加；對於四周環境，一切均感
厭惡；接觸任何事務，均足以引起悲鬱不快，而對於應處
理之事情，則事未著手，已覺畏煩，公私生活無一事足以
激發余之勇氣，安慰余之精神，蓋痛苦回惶，實為有生以
來所初嘗也。在家人之前，又不欲任情流露，以增其憂，
今擬下週先上牯嶺，冀以環境之轉移，使胸次稍微開朗。
然廬山暑期人事殷繁，而侍從室內部人事之麻煩，正有不
堪爬梳之苦。脆弱疲憊之神經，能否堪此煩擾，大是疑問
耳。擬準備行前各事，乃畏煩特甚，屢作屢輟，終日惶

惶，僅寫得幾封覆信而已。夜滄波來。十時寢。

6月26日　星期六　陰、午後晴

七時卅分起。骨節及筋絡痠痛難忍，體力亦不振。

九時到軍委會辦公室，約慶譽、毓九、晶齋、方理各秘書談話，討論招待暑期談話之初步要點。毓九、慶譽各有意見陳述，結果謂當在廬山續談一次。又向汪、熊二書記及各職員指示工作，命維庸月初來牯。又處理函件，為正中書局函辦公廳吳、劉兩副主任，請通令禁止翻印私售西安半月記。十二時十分事畢歸寓。

午餐後覺身體異常不舒，腦筋漲痛，而手足發冷，就榻假寐，不能入睡，加棉毯始覺暖適，測之則為常溫。屏息靜攝一小時後，始昏昏睡去。四時醒來，精神仍極不暢，如此情形，實不能銷假辦事，為之焦急不置。傍晚接學素航快函一緘，言山中事繁，委員長請陳景韓先生相助，言次似又盼余速往。夜洗澡早睡。結果仍至十一時始入睡。

6月27日　星期日　晴

晨五時即醒，再睡至七時卅分起。

整理行篋，擬明日動身去牯嶺，然物件散置各處，檢點頗費力，未一小時，覺心煩，遂亦中輟。九時力子先生來談，力勸余改變生活習慣，宜多作戶外運動，且以今夏廬山人事繁劇，恐扶病前往，將不勝其煩為憂。兼雜談外

交宣傳等近事。十一時佛海兄來，言將於兩週後去牯嶺，
力子則定下星期一動身，蓋均將參加暑期談話及訓練團工
作也。十二時卅分邵、周始別去。而余忽覺倦怠，頭脹異
常，勉強進食後腦痛益甚，小睡一小時後，仍未癒。家人
均以如此體力即上山亦不能作事，群勸緩行，乃以電話招
亦僑來，囑退還已購之船票，擬再靜養三天，再定行止。
身欲奮飛病在牀，此心亦怫鬱甚矣。傍晚滄波來談新聞界
赴日考察事，晚飯後又坐談一小時而去。子嫻甥來視疾，
呈近作一篇，文字居然可誦。夜十時卅分寢。

6月28日　星期一　晴

晨五時醒七時起。今日氣候燠悶，當為本月中最熱
之一天。

心煩不願作事，亦不思外出。案上有果夫寄來之金
息侯著作數種，取而讀之，以其內容多史事筆記之類，不
過費腦筋也。金息侯即滿清名士瓜爾佳氏名，金梁在三十
年前為震驚一時之人物，君木師常常稱之。謂杭州駐防中
為金梁與貴翰香為通品，今觀其著作，蕪雜誕妄之處甚
多，且不脫江湖習氣，所為清史諸記傳序論，亦無深厚氣
息，如以為滿洲人士應降格以求，則自屬難得，若嚴格論
之，殆與康南海、王湘綺之駁雜不相上下耳。今日以氣候
特殊，且連日睡眠不足，覺酸痛疲倦更甚。午後呼水洗
澡，乃浴後仍不覺舒適，唯胃腸之疾似已漸癒。念及上山
以後，酬接紛繁，輒覺望而生畏。然長此休假，此心亦至

不安，進止之間真成兩難。夜思早睡，服阿特靈一片半，九時卅分寢。十時入睡。

6 月 29 日　星期二　晴

六時醒，七時起。昨晚雖服藥而睡眠仍不佳，酣睡五小時而已。

覆張曉峯函，附四弟函中寄去。又致七弟一函，覆述庭一函，寫就後即覺疲勞，稍臥始癒。十時去軍委會辦公室整理書件，至第三處訪沈處長，為正中書局請通令禁止部隊印書籍事。又至第二處訪姚味辛君略談。發函數件。接蕭速記電話，知委員長擬將訓練集交正中書局印行，未知詳細，擬上山後再商。十一時卅分到寧海路訪張岳軍，不遇歸。到家以後，則氣促無力，言語極艱，身體虛弱至此，焦憾何已。午餐後岳軍過訪，出示暑期談話參加諸人之名單，兼述及預定之談話程序，謂後日汪先生將約黨政參加者舉行一次敘談會，然余已定一日晨動身，不及參加矣。岳軍並雜談滬事等約一小時而去。余以疲甚小睡，讀展堂先生詩四卷。傍晚次行來談，謂東行中止，將以六弟代之。夜洗澡畢即睡。

6 月 30 日　星期三　晴

七時四十五分起。今日天氣雖熱而極爽適，南窗多風，與昨日之悶熱迴殊。

整理書件，準備明日動身。念此次赴牯將有三月居

留，攜帶之件遂多，又以去冬十一月以後久未出行，文件不免凌雜散置，檢理頗覺費時，又將另篋存庋之三年來備存參考各件清理一過，酌檢數種，攜廬備用。自晨九時至下午三時，碌碌半日，始大體就緒，然並不覺甚疲，或天氣轉好之故。甚願上山以後能漸漸康復也。以行期電告委員長，並說明體力實未復原。又致慕尹一電。

午後四時溯中兄來訪，商黃埔訓練集等出版事宜，甚費斟酌，仍未決定辦法。五時唐少川先生之公子念慈來訪，勸余留意飲食攝養。傍晚八妹來送行，晚餐後始別去。手足殷殷之意可感也。夜作私函數緘。十時卅分就寢。

6 月 1 日錄

　△ 寡思慮以養神，靖言語以養氣。

　△ 辯不如訥，察不如拙，動不如靜，忙不如閒。

　△ 紛擾固溺志之場，而枯疾亦槁心之地。……若枯
　　　疾其形，紛擾其內，非病則狂，其殆甚矣。

　△ 幽勤是美德，太苦則無以適性怡情，淡泊是高風，
　　　太枯則無以濟人利世。

　△ 處心不可著，著則偏，作事不可盡，盡則窮。

　△ 作人要脫俗，不可矯俗，處世要隨時，不可趨時。

　△ 唯恕可以成德，唯儉可以養恥，……放低標準以
　　　衡人，退步思量以自慰，乃行恕行儉之要則也。

　△ 恩重難酬，名高難稱。……受惠不可頻，受則必
　　　酬；高名不可居，斂之以實。

　△ 不實心不成事，不虛心不知事。

　△ 利害得失之會，太分明則起趨避之私。

　△ 不可因喜而輕諾，不可因怒而失言，不可乘快而
　　　多事，不可因倦而鮮終。

治心之要

6 月 14 日錄

　△ 去私心而後可以治公事，平己見而後可以聽人言。

　△ 胸中只擺脫一戀字，便十分爽淨，十分自在。

　△ 念頭昏散時要知提醒，念頭吃緊時要知放下。

　△ 久視則熟字不識，注視則靜物皆動，乃知蓄疑者

亂真知，過思者迷正慮。

△ 先事徘徊後事懊恨曰縈思，遊心千里岐慮百端曰浮
思，事無可疑當斷不斷曰惑思，事不涉己為他人憂
曰妄思，無可奈何當罷不罷曰徒思，日用職業本分
工夫朝維暮圖期無曠廢曰本思。

△ 居心不淨，動輒疑人，人自無心，我徒煩擾。

△ 身有定業日有定務，暮則計今日之所行，旦則計今
日之所事，庶心有著落。

△ 已往事不追思，未來事不迎想，現在事勿留念。

△ 事未至而多方逆憶則神傷，事已過而多方懊惱則氣
傷，戕賊神氣莫此為甚。

△ 改過之人如天氣新晴一般，自家固是灑然，人見之
亦分外可喜。

7月1日　星期四　晴

七時卅分起。七時實之弟伉儷來送行。

八時偕允默到下關搭乘三北公司之長興輪赴潯，公冼送於輪埠，九時五十分舟始開駛。同船西上者有姚味辛夫婦、趙述庭、黃仁霖諸君。

午餐後小睡一小時，悶熱殊甚，流汗甚多，遂醒。四時中央黨部赴盧山受訓之工作人員卅餘人，推孫銘修為代表，欲與余晤談，乃盡邀之至餐廳，圍坐談話，約四十分鐘。計參加者有組織部九人、宣傳部六人、民訓部五人及財委會、監委會等工作同人，皆曾受軍事訓練者，形式尚整齊。

夜七時過蕪湖，太虛上人亦搭船西上，在甲板上談甚久。太虛送余佛說十善崇道講要一冊，歸室讀之，覺義辭平易，可為警勸世人之用。夜熱甚，不能睡。十二時寢。

7月2日　星期五　上午陰、午後晴、甚熱

晨七時五十分起。今日天氣仍極熱，室內當在九十四、五度以上。

偕允默登上艙，訪姚味辛夫婦，並游眺久之。三北公司輪上設備甚完美，上層置運動器具及秋千等，兒童八、九人（內五人係褚民誼之子），游唱其間，甚富天趣。交通部技正鄭方珩（索田君，鎮海人）亦同船赴牯，應訓練團之聘，主講軍用電學綱要，以黃仁霖之介紹，來就余談

甚久。鄭君對軍事交通甚有研究，曾隨俞樵峯出國考察，
與余談多關國防準備及經濟建設與兵器購買等事，所論斷
極切實，且富於國家思想，亦一可佩之專家也。正午始抵
安慶，楊思默君亦登舟同行，談皖省教育狀況甚久。午後
悶甚，雖倦極而不能睡。傍晚與述庭閒談教育問題。夜新
聞檢查處副處長孫東城來談。十時就寢。一時舟抵九江，
為時已遲，遂不登岸。

7月3日　星期六　晴　八十二度

五時十分起。

六時學素登舟來迎，遂相偕出發。六時十五分抵蓮
花洞，換輿登山，遇浙江來受訓之教育人員甚多，未及詳
談也。九時抵牯嶺，氣候較山下自不相同，然聞近二日來
亦驟熱，有達八十三度以上。到寓草草安頓訖，即赴十二
號謁見委員長，陳明銷假，但對於訓練團團附之職務擬不
實際參加，以體力未復原也。委員長許之。出與慕尹談，
面謝其一月來偏勞兼顧之惠，十一時回寓。張秘書、蕭速
記及李、張兩秘書先後來談甚久。十二時汪組長來談。一
時應委員長約往官邸午餐，同席者夢麟、騮先、伯聰、健
羣及李唯果諸人。餐畢，劉、李二人同來余寓，談甚久。
客去已三時卅分，小睡不能入睡，且客來不止。六時偕允
默出外散步，至迴龍路游眺歸。核辦文件卅餘件。晚餐後
疲甚。九時卅分寢。

7月4日　星期日　晴　八十一度

六時卅分起。昨晚睡眠不適。

到官邸一轉，詢知今日訓練團紀念週中止舉行，與胡靖安君略談即回寓。王秘書送來私人函件一包，分別裁答之。十時到仙岩飯店訪向育仁先生，談四川近事及川康整軍之前途。向軍仍任二十四軍副軍長，擬即回川參加整軍會議，十一時歸。再至官邸一轉，則委員長已往訪汪主席矣。回寓接劉湘來電。

午後疲甚小睡至三時起，疲勞仍未恢復，蓋連日睡眠均不足也。核閱本日文電十餘件，補閱假期內各方有關政治之來電卅餘件，新疆、青海各地皆有可殷憂者。察、綏危機亦隨時可爆發。四時陳君景韓來訪，談處理公務手續，頗多可資攻錯之點。蓋自上月下旬起，余之事務，由景韓酌代其一部分也。六時再至官邸一轉，歸閱發文，八時晚餐。偕允默外出散步卅分鐘，九時卅分睡。

7月5日　星期一　陰雨　七十七度

六時卅分起。七時到訓練團大禮堂參加聯合紀念週。委員長主席，並訓話，題為教育界應確立信仰，尊重人格以救國，約一小時十五分而畢。在彼處晤雨岩、亮疇、樵峯、天翼、雪艇諸君，均紛紛向余慰候病狀，略談即歸。到中路五十九號訪立夫，談四十分鐘歸寓。發私函數緘。申報記者沈九香來訪，嗣接閱委員長手諭，以自今日起普遍公文均由一、二兩處主任負責判行，將昨日所呈

之數件退還，遂往官邸，與慕尹商定代判手續。歸寓後分
別批辦之，至十二時完畢。午後小睡一小時。譚局長炳訓
來訪，汪組長攜來文件約四十件，學素送來已辦手令一大
包，又函稿及訓話稿等三、四件。顧蔭亭君來訪，談訓練
團第二總隊各事。晚餐後汪組長送來電稿十件，自四時卅
分起陸續批閱，至九時卅分始畢。腦筋疲亂之至。十時服
藥就寢。

7月6日　星期二　陰、午後有驟雨　七十六度

晨五時醒，六時四十五分起。今日起延范石生君診
病，決服中藥。

以四、五兩日批閱文件太多，今日感腦痛，疲倦殊
甚，幾不能工作。學素送來私人函件等一大包，略為察
閱，即以疲甚擱置之。十時王陸一、劉愷鍾兩君來訪，談
卅分鐘去。陸一談計政學院事，囑為轉呈。旋淬廉處長來
談暑期談話等事及派赴歐洲考察工業等之人選問題。十二
時卅分午餐。餐畢擬小睡，而神經漲痛，雖極疲而不能入
睡，甚覺不適，輾轉至三時強起。接段處長電話，邀明日
必須到第二總隊作升旗訓話，時間已定，不及更改矣。出
至中路等處散步，遇唐三，絮絮談其志願。旋遇俞樵峯
君，即同至余寓暢談甚久。為奉化教育事，兼談交通訓練
所事。未幾劉主席（尚清）來，攜到簽呈四、五件，談皖
政報告及請示件，一小時餘始去。核閱本日來去文二十餘
件，晚餐後準備講稿，九時寢。竟一些不能入睡，朦朧至

曉，苦極苦極。

7月7日　星期三　陰晴　七十六度

　　四時五十分起。盥洗畢，學素自誠來。五時偕往訓練團第二總隊參加升旗典禮，先見黃總隊長，即至廣場，五時二十分開始行禮，升旗畢由余作精神講話，題為「我們受訓以後如何達成救國建國的任務」，發揮救國建國標本一致的道理及教育人員所能貢獻的要旨，講話約四十分鐘，參加聽講者一千〇八十四人。講畢回寓，核閱普通件十六件，略進早餐即就寢，以昨晚幾通夜未眠也。自七時卅分入睡，至十一時卅分始醒。十二時奉召到委員長官邸，詢知余今晨精神講話，謂如此勉強早起，於病體不宜後當珍重，不必拘泥也。愛護之周，令人感激何量。面詢數事，並囑暑期談話事。午後核辦來文發文急要約卅餘件，普通件四十餘件，又處理私人函件十餘件。三時卅分畢，往美國學校訪岳軍未遇，即至力子先生處談北方教育界情形。夢麟亦來談，四時卅分歸寓。客來不止，憚震、寒操、君佩、德生、民誼、李立侯（談最久約一小時）、滄波、武棨及中央社記者王有相先後來談，八時晚餐。夜覺疲甚，且腿部酸痛，九時卅分寢。

7月8日　星期四　晴　七十八度

　　七時卅分起。昨晚睡足七小時，晨起精神殊覺爽適。核閱昨日文件十餘件後，十時至官邸謁委員長。奉

諭不必赴海會寺，留牯接洽各事云。遂出至美國學校訪張
岳軍，商談關於暑期談話事。晤雨岩、雪艇，略談即歸。
接王外長電話，昨晚我蘆溝橋駐軍突被日軍進襲云，即報
告委員長，並囑中央社電南京詢問。迄午各處電訊陸續而
至，知日軍意向乃在佔領宛平，故有意造成此事態也。宋
明軒由平來電，言決沉著抵抗，但決不有意挑釁云云。午
後杜月笙、葉琢堂、李叔明三君來訪。范石生先生來，為
余作第三次之診視。連日服彼藥，似甚有效。陳芷町君來
談禁煙行政，多精到之言。核改訓練團第一次紀念週訓詞
紀錄稿一篇，交蕭速記帶去。傍晚偕允默外出散步，到立
夫家小坐，遇志希伉儷及賴、蕭諸君，略談而歸。核閱本
日來去文卅餘件。夜梁均默君來訪，談馬鞍山鐵礦及漢民
學院捐款與指定國大代表事。旋陸一來辭行，述庭亦來談
甚久。十時就寢。

7月9日　星期五　晴　七十八度

七時起。孫哲生先生來函，請將參加歷屆憲草審
查之立委指定為國大代表，囑轉呈委員長，其名單共列
二十四人：馬寅初、吳尚鷹、林彬、史尚寬、陳長蘅、衛
挺生、羅鼎、史維煥、呂志伊、戴脩駿、程中行、徐元
誥、陳茹玄、鍾天心、楊公達、蕭淑宇、周一志、朱和
中、劉盥訓、趙延傳、何遂、李仲公、黃右昌、翟曾澤。
近日，委員長不閱普通文件，俟稍暇再呈之。

代見來賓七人：

（一）龔伯循（贛建廳長）；

（二）許靜芝（為林森橋題字）；

（三）黃金濤（鋼鐵冶礦專家，為馬鞍山鋼鐵廠）；

（四）孔慶霖（字澤普，係葛克庭介紹來見，其人
　　　與孫殿英頗有交誼，稱孫極願來中央）；

（五）陳舜畊（與孔同來）；

（六）李梅青（印度華僑，來中國徒步旅行，請
　　　題字）；

（七）朱一鳴（行營諮議，請求工作）。

　　自九時起至十時五十分止，以黃金濤君所談為最
詳。客去後疲甚小睡，至十一時卅分起。午餐畢，閱各方
情報，蘆溝橋事態仍嚴重。三時得津息，則謂直接衝突已
停止，由石友三率保安隊入宛平城，日軍退至五里店，我
城內駐軍亦撤出城外云。金誠夫秘書來訪，談實部事。李
唯果來談，為介紹於張岳軍。旋芷町來長談，余詢芷町：
國家有急，能來京相助乎。芷町慨然答曰：苟相召，無不
從。六時委員長上山往謁於官邸。夜再修正講稿即付印。
滄波來談。十一時就寢。今日精神極疲頓。

7 月 10 日　星期六　晴　八十二度

　　晨五時醒七時起。昨晚睡又不佳，晨起即覺頭痛。

　　核辦來去文卅餘件。九時卅分洽卿先生來訪，十一
時同往官邸謁委員長談卅分鐘歸。午後力子先生來談，聞
蘆溝橋戰事又烈，不勝殷憂。自四時至六時，客來不止，

天極熱，頭腦脹痛異常。夜七時岳軍約至天翼家晚餐，商談話會各事。楚傖、雪艇、叔謨、力子等均到，談商至十時卅分始歸。十一時卅分睡。

7月11日　星期日　晴、熱　八十四度

七時起。昨晚睡眠甚不安，頻頻驚醒。晨起頭痛異常。八時景韓、楚傖、若衡諸兄來談，客去已十時卅分。核辦文件卅餘件，殊草草了之，蓋實不能用心也。十一時到官邸，聞北事消息極惡劣，與辭修等談極憤慨。一時歸寓午餐，餐畢小睡，熱不可忍。三時醒，五時應召往官邸，承命研究講稿之綱要，景韓同來談話。旋覺生先生偕詠霓、冠生來談。夢麟、滄波來探消息，送之門首，遇熟友多人。夜天翼來寓，研究講稿，良久而去。十一時寢。

7月12日　星期一　晴　八十四度

七時起。草草盥洗畢，即至美國學校訪張岳軍，並參加政治組談話會。到會者八人，討論本組同人任務及應解答之主題等，由楚傖主席、陶益生、李君佩、謝冠生及滄波、德生均有意見發表，最後由楚傖綜合之。十時五十分散會。季鸞來訪力子，聚談外交形勢。十一時卅分歸寓，核閱來電五、六件。應蔣百里先生約，往訪之於其寓，攜史丹法尼顧問之講稿歸，到官邸呈委員長閱定後寄還之。十二時卅分再往官邸午餐，居院長、謝秘書長及楚傖、岳軍同餐。餐畢，略談即出。日方企圖擴大之消息繼

續傳來，令人憂憤不止。神經既受刺激，遂難寧靜。午睡未能合眼。三時起，委員長約往談話，略有報告，即出。四時應汪主席約到圖書館參加茶話會，到各組召集人及各部長等十八人，商談至六時一刻完畢。侍委員長在第二總隊點名，七時卅分歸寓。袁敦梓君來訪，旋慶祥、學素來談。處理文電八件。夜整理情報。十一時睡，竟夜失眠。

7 月 13 日　星期二　晴　八十度

七時四十分起。昨夜僅睡二小時，未服安眠藥，而心又疲頓，故不能睡。

日軍侵略益露骨，季鸞來談，深以發動全面戰為不可免。十時卅分到官邸一轉，即回。天翼來談甚久。旋力子夫婦來談甚久。午後公展、佛海、健中等來，楊公達、張淮南、廖茂如、楊耿光、趙棣華、胡適之等先後來訪，凡賓客二十餘人，殊感應接不暇。午餐不思食，飯後亦無暇午睡。傍晚耿民、復恆、頌臯等來談。六時到官邸，報告文電並商講稿表解事。致南京徐次長長途電話，商聲明書內容。八時晚餐。夜核辦文件至十時卅分寢。

7 月 14 日　星期三　陰　七十六度

晨七時起。昨夜仍未安睡，竟日心跳頭痛不止。北方事消息日惡，紛傳冀察當局已軟化，並簽認條件，一般均引為憂慮，唯宋之來電則仍以中央意旨為準也。午前檢閱總理全集及峨嵋訓練集等，改擬講稿表解。午後小睡一

小時。核閱來去電卅餘件，文四十件。汪先生約談話，未
及參加。夜委員長招往晚餐，天翼同往，飯後研究表解內
容。十時卅分返寓，鶴皋、佛海、力子、滄波來談。十二
時寢。

7月15日　星期四　陰、中午晴、下午雨

晨六時卅分起。核閱來去文電二十餘件，到官邸一
轉。即至美國學校訪幼椿，遇之於途，偕往中路一七三
訪張君勱。晤左、曾、魏及吳貽芳等諸人，略談歸。夢
麟等來談。正午到官邸午餐。到朱子橋、翁詠霓等十五
人。二時卅分餐畢歸寓，苗培成、李宗黃來訪，三時到
圖書館開談話會，六時先退，訪芸樵主席於其寓。七時
及八時卅分兩次往謁委員長，決定表解內容。十時訪鶴
兄，十一時歸即睡。

7月16日　星期五　晴、下午雨

晨六時卅分起。核閱來去文電二十餘件。八時卅分
到官邸，九時參加談話會，汪、蔣二主席均到。參加者共
一百六十人。十一時散會，與到會諸人周旋，至十二時午
餐，餐畢已二時。回寓睡一小時餘，以昨晚又未熟睡也。
四時往官邸，謁委員長承商要事，命將講稿（十八日用）
即擬概略送核。歸寓後檢視參考書籍。七時卅分招往談
話，交擬告民眾書，口授大意，由夫人共記之。歸後心緒
煩亂之至。以時迫神疲，且兩稿疊寫，真覺手足無措。最

後決定，先寫告民眾書，但至二時卅分僅成二段，不能再續，即就床睡，終不成眠。

7月17日　星期六　晴　七十八度

昨晚僅睡一小時，六時即起。函呈委員長，說明告民眾書不能脫稿，今日先擬講稿呈核，得覆許可。七時威博、思成等來訪，談十分鐘即去，遂著手起草講演稿概要。自午前七時至午後三時始脫稿，腦筋緊張疲痛，幾於其失其作用，故寫作極稽遲。既成，正擬小睡，四時自誠攜來委員長在談話會演詞，請校閱，匆匆閱定交還之。委員長對告民眾書仍欲趕今晚草就，命滄波代擬。七時滄波攜稿來斟酌，佛海亦來談。八時送呈委員長，未核定。九時諸君去，余再就原稿增損之。十一時卅分寢。

7月18日　星期日　陰　七十七度

七時醒，八時卅分到。劉尚清主席兩次來訪，均未晤。今日精神仍極不佳，頭痛腦暈，故上午完全休息，僅佛海兄來談半小時而已。午餐時乙藜來談資委會情形甚詳，凝神聽之殊覺吃力。午後小睡至三時醒，研究擬發之告民眾書，終覺應鄭重斟酌。四時楚傖來談，五時委員長歸自海會寺，招往官邸，與汪主席及岳軍、天翼等斟酌告民眾書之內容。南京來長途電話消息極惡劣，旋謁蔣夫人，校閱英文譯稿。十時委員長命再補充修改將畢稿，岳軍來請緩發，委員長不謂然，最後允遲一日發表。十時

歸。十一時卅分寢。

7月19日　星期一　晴

　　七時起。將擬定之稿改為對盧山談話席上講演之形
式，交金書記等分繕之。劉尚清主席來訪談皖事甚久。十
時至官邸，核辦文電二十餘件，並見委員長及夫人。宋部
長來談，十一時歸寓。吳鐵城主席來談粵事，並詢余之病
狀，午餐後心煩亂不可止，散步院中，並與佛兄談話久
之。午後四時再往官邸，聽取南京長途電話，知喜多見何
部長所談極無禮，高宗武司長亦來報告，七時決定將演講
稿發表，即歸寓交中央社發表之。夜兩謁委員長，知明日
將歸京，分配諸人行止。十一時寢。

7月20日　星期二　晴、中午有驟雨

　　七時起。委員長以余身體不健全，暫留山待命。乃
命學素等先行。十時到官邸，招待賓客，與陶希聖君詳談
甚久。今日請教育界名流午餐，客到者二十三人，余先歸
寓，由岳軍作陪。午後二時卅分委員長偕夫人由潯乘飛機
回京，侍從人員中獨余不隨行，擁職而不赴難，難逃於清
議矣。委員長命留山之意，謂汝服范石生之藥既有效，則
應繼續服藥，先將身體修治完好再說。相待之厚如此，真
不知何以為報。午後寰澄、天民、玉書、頌皋等來訪，夜
與佛兄談甚久。九時偕允默外出散步，倦極思睡，十時歸
即寢。

7月21日　星期三　陰、時有驟雨

七時卅分起。昨晚睡七小時，范醫之藥逐漸見效矣。偕允默訪公展夫婦未遇，到立夫家小坐而歸。午前滄波來談，謂華北事宋確已簽字，唯條件不明，當有取締排日分子等條款包含在內，中央處置益感棘手矣。午後芷町、寰澄二君來談。旋頌皋、宗武亦來談。客去後，整理公私函件及存稿等，五時到鶴兄家，與佛海等商自身出處。旋陶希聖來談，約希聖、佛海到余寓晚餐，餐後長談，十時始散。十一時寢。

7月22日　星期四　大雨

晨七時卅分起。昨晚睡眠充足，約睡七小時以上。鐵城、公展、佛海諸兄均今日下山，先後來話別。鐵城先生擬約公弼赴粵相助，余並以六弟託之。客去後到醫生窪散步一小時歸。知南京派機來接張岳軍，即往訪之，談卅分鐘而別，午後樓桐孫君來訪，談時局甚久。旋陶希聖君送來對外交意見，即電委員長以備採酌。中日局勢當視此三日內決定，甚念委員長之憂勞也。夜忽覺心煩。十時寢。

7月23日　星期五　陰雨　七十二度

晨八時起。今日氣候驟涼，有如深秋景象。山中漸寂靜，客來亦少，午前整理書件，並審閱委員長交下之統計局工作報告與下年進行計劃等七冊，至午餐後始畢。午

後到九十四號訪滄波，旋頌皋等來談華北局勢有暫時停頓之現象，唯變化仍不可測。六時歸寓，請范醫繼續診方。七時應芷町之約到冠生園晚餐，到寰澄、希聖、君強、裴、吳等七人，八時餐畢，與復恆同行歸寓。滄波來談，十一時去。

7月24日　星期六　陰

晨七時卅分起。八時卅分俞寰澄君來辭行，談禁煙行政機構改革要點。十時張曉峯君來訪，彼於昨日午後上山，參加談話會，攜來川、鄂兩省游記材料一束。午餐後小睡，旋即驚醒。到鶴兄家閒談，商非常期之家人安頓問題。彼主張赴滇省，余不謂然。傍晚劉憩鍾及某某兩君先後來談，均主急戰者，余告以此次事無論能否結束，大家斷不可再做一年、二年準備之想，但背城借一亦應有一可借，故余之主張為「能忍則忍，得和即備」之八字云。六時偕允默往訪錢夫人於醫生窪，轉河南路步行歸，遇熟友甚多。夜王芸生君上山，往訪於五十三號談時局，旋滄波、復恆來，並至余寓。聞局勢愈急，憤慨不已，十一時就寢。

7月25日　星期日　陰雨

八時十分起。以消息日惡，原擬明日東下返京，並攜妻兒同返，送之回鄉，俾余可專心工作，已囑亦僑購票矣。九時與力子先生通電話，彼意委員長既未相召，不必

急急回京，且山中尚有談話會，無人照料，囑緩下山。旋知岳軍今日不能上山，與吳君頌皋商行止。吳君亦力勸勿遽回，遂中止。十時卅分頌皋來談，知汪先生定明日約到山之第二期賓客，在圖書館自由談話，並聚餐，約余等作陪云。頌皋午餐後始去。

午後小睡三時起，往訪汪先生。旋即至仙岩旅館訪川、粵來山諸友胡庶華、張凌高、金曾澄、鍾榮光等均未遇。到滄波室內小坐，晤費香曾君。又訪胡適之長談。周枚蓀來談平津近況及京中情形，適之滔滔劇辯，多責望政府之語。七時歸寓。擬訪譚炳訓局長，中途以事折回。夜閱情報多件。十一時卅分寢。

7 月 26 日　星期一　陰雨、向午轉晴

八時十五分起。自服范醫之藥後，早晨嗜睡特甚，近三日天氣轉涼，覺貪睡更甚矣。

徐鴻濤君來詢行期，以彼接毛秘書電話囑即回京也。

九時卅五分赴圖書館，參加汪先生所約之談話。到王芸生、馬蔭良、梁宇皋及鄧植儀、范錡、任啟珊、吳康、黃元彬（均中山大學教授）、薩孟武、胡庶華、張凌高、燕樹棠、張佛泉、張知本、劉亮、洪深諸君及陪客彭浩徐、經子淵、程滄波等，賓主共三十人。由許仕廉、楊立奎、燕樹棠、劉亮、洪深諸人先後發表意見；並對外交、軍事有所質詢，燕、劉二人所言尤為急切，均深望中央勿坐視危機，應積極備戰。燕君謂由平南來，覺平津間

所注重者多實質問題，而南方則注意原則問題，殆此北方已在炮火大威脅之下，感覺較真切，而南中猶僅想像危機而已。其言殊覺芒角粲然也。午後接汪秘書電話，知廊坊中日軍又激戰，日方企圖險惡，可見戰爭必難避免矣。傍晚出外散步一小時，盛灼三君來訪，夜馬蔭良、胡庶華二君來訪，馬君擬赴英、德兩國考察造紙及新聞事業，即將出國矣。接泉兒來書，即覆之。十一時卅分寢。

7月27日　星期二　晴

八時起。九時華西大學校長張凌高君來訪，詢問中央對時局之根本方針，及今後對四川整軍與整財之決心。言次尤以財政不上軌道，民生困苦不堪剝削，言之至為痛切。

九時三刻到圖書館參加第二期之分批談話，到鍾榮光、金曾澄、馬叔平、曾昭掄、章益、孫寒冰、顏福慶、蔣光堂、費香曾等二十餘人，胡適之、陶希聖二人亦參加，以戰事延及廊坊，一般均集中論點於如何援救平津，亦有詢及所謂何梅協定之內容者。汪先生有極詳明坦直之解釋，明告諸人，以並無任何書面交與梅津云云。十二時聚餐，一時卅分散。消息日惡，決於明晨下山返京。與汪組長、王秘書通電話三次，未及午睡。午後鄧植儀、任啟珊（中大教授）來訪，旋滄波、復恆、頌皋、仲栗諸君來詳談，六時王芸生君來談約一小時。夜整理行裝，十時卅分寢。

7 月 28 日　星期三　陰

七時起。整理行裝畢，上汪先生一書，告即日回京，不及謁別。汪先生介紹梁宇皋君住頤和路卅四號。

八時卅分鶴兄攜眷來話別，商時局緊急時之出處問題，頗有意為國效力，囑回京轉陳於委員長，如有交通、運輸、經濟方面之職務，不拘地位，願任馳驅，其熱誠亦可感也。九時卅分偕允默、兩兒下山。初意以為將不勝酷熱，詎今日天陰多霧，抵竹林窠尚不須減衣。十一時十五分抵老蓮花洞，亦僑以車相候。十一時四十分抵九江，入中國旅行社招待所暫憩。旋岳軍由京乘機來潯。今晨消息，北湯山、沙河、團河已不守，南苑、西苑轟炸甚烈，北平待援甚急。委座一時不離京，暑期談話會擬延期云云。即在所午餐。餐畢，岳軍上山，余小睡未及卅分鐘即醒。三時五十分登寧紹輪，讀本日號外，知我軍奪回廊坊及豐台，士氣甚振，為之喜慰。徐秘書慶譽同舟回京，談甚久，夜洗浴畢，九時卅分即寢。今日舟中極涼爽，可御二層之單衣，殊出意料之外。允默謂願國運亦有意外之好轉也。

7 月 29 日　星期四　晴

七時卅分起。在安慶購當日報紙讀之，知平郊戰劇，宋哲元竟率部離平，可痛之至。

舟向東行，受風尚涼快，向午抵蕪湖，始覺悶熱。午後四時抵下關，學素等來迎，即乘車歸寓。五時力子先

生來談，同往軍委會。委員長為平津形勢突變，擬發表談
話，力子擬初稿交余再斟酌之，遂留會中改擬完畢後，八
時卅分呈核。旋王外長、王教長、吳實長及徐次長等來，
相共商酌，十時四十五分交學素送中央社拍發。十一時廿
分歸寓，何西亞兄自滬來，略談即就浴。十二時寢。二時
入睡。

7月30日　星期五　晴

六時前即醒。七時卅分盥洗畢，即赴軍委會，以岳
軍交件送劉副主任。承委員長命擬暑訓團二期開學訓詞，
腦筋疲鈍，自晨九時至下午四時始脫稿，長二千字。往謁
委員長，口頭報告大意後，再補充數十字，交繕電發。胡
適之來電話，主張後方準備未完前勿輕易發表文件。傍晚
李唯果來談，委員長命擔任五組秘書。七時歸寓，泉兒
來，夜頭痛劇又不能睡，苦極。十時卅分寢。

7月31日　星期六　晴

五時三刻醒，無論如何不能入睡，勉強合眼，養息
至七時起。

八時李幼椿、左舜生兩君來談時局，均以為此時能
不發動全面戰爭，於我較為有利，但對方相逼至此，亦無
術以阻其擴大，相對憂憤不置。談約一小時去。

九時到軍委會核辦文電十餘件，又閱積件二十餘件。

十二時卅分到官邸，招待張伯苓、梅貽琦、胡適之、

陶希聖諸君。一時委員長與四君接談,論大局形勢,至為明晰。伯苓先生老成慷慨,謂國事非一時洩憤所能有濟,及聞委員長指示之言,知政府有整個準備,則表示歡慰不置。

午後熱甚,思小睡而流汗不止,遂起。讀閱文電十餘件,今日發表李唯果為第五組秘書。傍晚力子先生來談,七時歸寓晚餐。餐畢,與西亞略談。十一時寢。

8月1日　星期日　晴

晨六時卅分起。昨晚仍未熟睡，晨四時卅分即醒，煩思縈擾，拂之不去。甚苦。

七時到官邸，隨委員長參加擴大紀念週，到各部會長官及軍事機關各級職員千餘人，軍校官生二、三千人。委員長訓話，首對前週形勢加以分析解釋；對佟、趙殉國極致嘉悼；並說明北平迅速不守及我空軍不能出發助戰之原因（因黃河與平漢相近之處無航空站及機場，如由徐州北飛，作戰後不能回來，蓋油量有限云云）；最後鼓勵大家以犧牲奮鬥精神，爭取時間爭取勝利云云。八時十分禮成，返辦公室辦理文電數件。九時卅分偕李、左二人入謁，季鸞亦來謁委座，長談而去。十二時歸寓。今日決遣允默及明、樂先回官橋暫住。允默極不願離余他適，然彼等在京，一旦有事，余須出發，必致不能相顧。允默為使余免得鎮日憂急，故勉從余請，其心中悲鬱痛苦甚矣。五時允默等動身，旦姨亦去，余以客在，未及送之車站也。六時到官邸，再謁委員長。七時與天翼談侍從室組織。歸寓晚餐。夜佛海、希聖來訪，談時局，希聖有重要意見，然余殊覺無人能為之執行。十時次行來訪。十時卅分洗浴，服安眠藥就寢。

8月2日　星期一　晴、夜有風

晨八時卅分起。昨晚服安利納治二丸，得七小時以上之安眠，精神稍暢。又以委員長今晨去海會寺，故上午

不去會辦公。十時卅分到中宣部訪力子先生，並與蔚南、九如等談，十一時卅分歸。午餐畢已一時卅分，午睡至三時卅分始醒。今日貪眠極矣。傍晚滄波來談時局，六時至軍委會核閱文電十餘件，委員長自海會歸，與閻百川會談甚久，余往謁，略談歸。夜十時卅分寢。

8月3日　星期二　大風雨

七時卅分起。以昨睡不暢，頭腦極昏悶。八時到軍委會核辦文電十餘件，忽覺不適，百慮紛湧，遂即歸寓。接岳軍電話，即往寧海路訪之，談時局及外交，徐次長叔謨亦來談。午餐後歸寓，神經疲滯而緊張，小睡至三時卅分，赴軍委會改講稿及擬某項組織，七時歸。應委員長召再去官邸一次，並至蘭園十一號訪熊天翼，八時回寓，八妹等今日動身歸滬。夜訪力子未晤。十一時寢。

8月4日　星期三　陰雨、風未止

七時起。八時卅分乙藜來談國防最高會議之組織。九時到中央黨部，參加中政會，決議例案數件。十時卅分先退，到軍委會辦公。委員長命擬某件，實無暇動筆，先搜集材料而已。十二時卅分到慕尹宅，與張、熊、錢商侍從室組織，至二時始畢。余欲減輕責任之目的終不能達，焦急不可名狀。四時回軍委會，心如懸罄，不能作事。四時卅分沈鈞儒來見委員長，余與楚傖偕同入見，談卅分鐘去。白健生先生今日到京，未往迎也。何淬廉來談，七時

歸。順道訪力子略談，夜疲甚。九時寢。

8月5日　星期日　陰晴、風稍定

七時起。八時到軍委會，承命改擬告空軍將士書，收集材料，著手修改重抄。所改易處並不多，而費時三小時以上，至十二時始完成，腦力疲滯至此，如何可作事。午餐畢，小睡僅二十分即醒。續擬陸海軍將士告誡書，苦思冥索，天熱腦脹，久久僅成一前段。核辦文電二十餘件畢，憊不能支。道鄰來談，旋與慕尹談，七時歸寓。夜實之來訪，積泉去滬辦出國手續，頭痛疲倦甚。十時就寢。

8月6日　星期五　陰、晴

六時卅分起。七時卅分到會辦公，審查劉健羣擬呈宣傳方案一件，交第四部參酌。又蕭化之送來吳壽彭函呈一件，併送邵先生核辦。今日文電不多，唯余腦筋實疲頹不堪名狀，續擬告陸海軍將士書，自晨十時至下午五時，僅續成三段，仍未完。頭痛欲裂，乃中輟。六時歸寓，力子先生來談。夜趙子懋來訪，談四十分鐘而去。與次行、吟兄閒談有頃，十時就寢，十二時入睡。

8月7日　星期六　晴

六時卅分起。七時卅分到軍委會續成告將士文，至九時卅分始畢。寫一篇如此簡單之文字，須三天始交卷，真疲滯極矣。謝冠生來談，為司法行政部事，此君尚擾擾

於升遷問題，為之一嘆。今日自思，如此情形，決不能在
戰時任要務，不能不直陳於委員長，乃繕一報告呈請開去
二處主任職，仍隨侍服務，並為蔣夫人道其詳，請其從旁
同為解釋之。午餐後小睡一小時醒，覺心神略定，核辦文
件十餘件。何方理請假攜眷回籍。六時到官邸一轉，遂
歸。夜滄波、力子來談。文稿已核改發下，即清繕之。十
時寢，十二時入睡。

8月8日　星期日　晴、熱

七時十分起。已不及去參加紀念週。七時卅分到軍
委會辦公，擬傳單一種，告平津市民。又擬標語一組，至
十二時卅分脫稿，即交繕寫。又以告軍人書交蕭速記付
印。十二時卅分到勵志社會餐，到七十餘人，二時歸。午
後小睡一小時，四時高宗武來見委員長，余亦入見，將所
擬稿呈核。五時熊、張來會談，委員長條委周佛海兄為侍
二處副主任，即電告陳主席。六時到佛海家，商談侍從室
之組織，即在彼處晚餐，與希聖詳談。九時歸寓。九時卅
分接電話，到官邸，有交下改正之件。十二時寢。

8月9日　星期一　晴

七時十五分起。昨晚至一時後始入睡，僅睡五小
時，殊感不足。七時卅分到軍委會，則委員長已動身赴海
會矣。十時往見蔣夫人，商對外談話稿之內容，回室修
改，乃覺頭暈。小睡有頃，仍未癒，似發痧。十一時卅分

歸寓，服平安散少許，旋癒。午餐後作家書第二號，又上外舅一函，吟兄等均勸余宜略加休息，午後遂未作事。五時到會一轉，以要電數則轉牯嶺，夜研究談話稿。與果夫、佛海通長途電話，十一時後始寢。

今日五時，上海虹橋飛機場有日陸戰隊官兵侵入，守衛機場之保安隊制止不服，且向我開槍，我方還擊，結果各死一人。

8月10日　星期二　晴

晨七時起。繼續修改談話稿。八時五十分去軍委會，接牯嶺長途電話，委員長又續交擬文告數件，乃先將談話稿完成之。十二時到蘭園訪天翼，商訂軍律等事，請彼與軍部接洽之。適白健生來訪，共談至三時始回會。小睡一小時，精神稍復。以告平津市民傳單交印，繼續研究交擬件，並摘材料，心極煩亂，久久不就。七時乃歸寓，腹痛泄瀉，本日瀉三、四次，不能作事。夜十時寢。

8月11日　星期三　晴

晨七時卅分起。泄瀉未止，精神極疲頓。複閱談話稿後，擬抗敵要則五條。至十一時覺有寒熱之象，乃決定不去軍委會，以電話詢學素，知亦無特別緊要件。午餐不進食，延陸醫官來診，斷為受寒積食，處方而去。午後服藥後，瀉仍不暢，臍腹作隱痛，捫之更甚。小睡僅一小時即醒。五時芩西兄自滬來，到寓訪談，一小時而去。皋兒

來問疾，夜與宗武通電話，聞滬局極緊。十時寢。

8月12日　星期四　晴

晨七時起。委員長上午可自牯嶺到京，即將抗敵要則擬就，九時攜會交繕。旋又核改語體書稿二件，閱標語四十種，傳單七件，均即呈核。午刻見委員長，略事報告，侍見王外長，商宣言及談話稿，決定談話緩發。午後核辦文電十餘件，午睡一小時，聞滬事緊急異常，市府已遷移矣。六時卅分到北極閣訪龍志舟主席，未遇。夜委員長宴中央常委及劉、龍諸人，同餐畢，商大局及聲明書，九時卅分畢。以人事之件請示後返室。代慕尹核辦稿一件。十時歸。十二時寢。

8月13日　星期五　晴

晨七時十分起。聞滬上消息日緊，共同委員會亦不能抑止日本之兇燄，我軍不能不準備自衛矣。八時到會辦公，核發文電七、八件。近日軍事緊張，多集中於第一處，故本處文件較少。核改抗倭要則之白話稿，甚費力。十二時歸寓午餐。餐畢，繼續改擬宣傳稿，蕭速記以告全軍將士第二書送核，草草改正之。四時到汪公館，汪先生交下聲明書，囑閱後送呈委員長，遂至高樓門孔公館面呈焉。委員長仍極鎮定，與鄧秘書長談川事，指示極詳。八時尚約劉湘來見，余九時歸寓，疲甚。十時卅分寢。

8月14日　星期六　陰、晴

晨七時起。七時卅分到軍委會，知委員長已移寓四方城，而我等在緊急時之辦公處尚未指定，殊不解慕尹何以不作主張耶。籌劃人事之件，擬減去職員十六人，昨已呈而未奉批答。十二時奉召往陵園，乃當面請示，得覆准焉。今日我空軍、陸軍均被迫與敵挺戰，委員長以為聲明書宜即發，遂改易數語，交余往外交部接洽，與王外長、徐次長酌定初稿後，到頤和路，繼至陵園送汪先生閱定，再往請委員長決定後，自攜至外交部發表。六時回軍委會，知敵機已轟炸杭州矣。七時廿分疲甚，回寓。

8月15日　星期四　陰晴、下午雨

晨七時起，七時卅分到軍委會，擬議新組織，甚費心力，而解職各秘書均來訪不已，至午甚疲。午餐後略休息，至一時四十五分聞防空警報，知敵機來襲，即偕同人往附近處暫避，至二時返。余正磋商時，又聞二次警報，至緊急時，只得再度出避，五時卅分始歸辦公室。找慕尹談，竟不得要領，乃決定第二處暫行疏散辦公。七時往謁委員長，雨甚大，至會一轉歸寓。夜訪曾、李于青雲里，談至十時歸。

8月16日　星期一　晴、有陰雲

五時醒後未熟睡。六時卅分起，頭昏腦痛異常。今日龍志舟歸滇，往送于機場，嗣知未果成行也。敵機本日連

續來襲三次，而防空警報自晨七時起至晚六時共發六次，
且第一次解除與第二次續發時間相隔均不到半小時，心境
為之擾亂不寧。佛海來談，決定電芷町暫緩來。七時警報
解除後，擬往官邸，但實疲甚，夜為準備必要時處置，商
談甚久。服藥兩片。十時卅分就寢。

8月17日　星期二　陰、晴

　　七時起仍有睡意，以昨晚服藥且連日甚倦也。九時到
佛海家談處務等，並晤墨三。十時卅分回寓，至四街頭第二
處臨時辦公室一視，秩序凌亂不整，即指正之。回寓核辦文
電五、六件，向午敵機又來窺襲一次，未入京市。午餐後小
睡至二時卅分，敵機又來一次，約盤旋半小時之久而去。五
時到軍委會，決令臨時辦事處撤回，與慕尹略談，至六時卅
分歸寓。夜過兒自醫院歸省。十時洗澡。十一時寢。

8月18日　星期三　晴

　　七時起。到軍委會辦公。今日敵機來擾，聞係在滬
集中向我攻擊。蓋我軍進迫甚猛，敵乃欲以飛機力量炸我
炮兵陣線也。考慮本室辦公地點，竟無萬全妥當之法。午
餐後神疲已甚，遂回寓。四時到佛海家小坐，墨三等要余
外出進小食，婉謝之，即歸寓。夜佛兄約往談，與宗武、
滄波等談甚久，知胡、陶諸人有重要救國意見陳述，十一
時卅分歸。即寢。

　　今晚月色朦朧，余未入睡，即聞警報，敵機又來窺

伺，盤旋上空至二時始去。

8月19日　星期四　晴

　　晨六時卅分起，七時到軍委會核辦文電四、五件。八時卅分到陵園謁委員長，以立夫轉託之件及胡、陶請謁事請示委員長。見勞甚，未多談，即出。至汪秘書處小坐，即歸辦公室。午餐後欲睡不得，極感疲乏。四時卅分歸寓小憩。以會中亦無要事可辦也。坐甫定，突聞警報，敵機來襲甚猛，余寓中屋瓦為震，約歷二小時餘始解除。吟兄亦來寓晚餐，餐畢已九時。又聞警報，旋即解除。學素來，知中大被炸云。十時洗澡，十二時始睡。

8月20日　星期五　晴

　　晨六時卅分起。七時到軍委會，聞昨敵機來時，軍校草地上被機槍掃射，有學員受傷云云。蕭秘書攜來外交件，閱畢轉呈之。飛行生鄭禮仁（鄞縣人）來見，請求受訓自效，送航委會辦理。十時卅分慕尹來會，以軍委會內辦公太不安定，決遷移至郊外，商定地點後，余即回室，通告職員準備。荻浪亦來，甫談數語，而警報又至，即偕汪、王諸秘書出會暫避。荻浪不贊成遷郊外，乃商定另移地點。十二時返會，決定明午後遷移辦公，三時返寓休憩，心殊憤鬱。夜往佛海家敘談，力子亦來。十一時回寓。十二時寢。

8月21日　星期六　晴

　　晨四時卅分睡夢中聞警報聲，與吟兄偕起，至樓下休息。敵機似在下關盤旋甚久，至六時卅分始解除。倦極而睡，然神經緊張，僅合眼未入睡也。八時卅分起正擬赴會，又聞警笛聲，九時二十分始解除。命學素往臨時辦公室察視，余以無要事未去。精神疲甚，睡一小時始恢復。午後三時卅分往臨時辦公室辦事，核閱文件三、四件，並蒐集參考材料等，六時歸寓。又聞空襲警報，至七時卅分始解除。夜月色甚明，十時就寢。未入睡。

8月22日　星期日　晴、極熱

　　晨七時卅分起。今日精神甚疲頓，頭腦脹痛，心思亦不寧定，故未到會辦公，僅在寓摘閱情報，並核擬頒佈軍律之訓令一件，即寄黃季寬部長。十一時皋兒來，攜來藥品多種。午後學素兩次攜文電來，分別辦發之。吟苑兄以留部無要事，且部長表示有病者可先回，故定明日轉杭返慈，忽又聞防空警報，敵機約兩隊來襲，投彈十餘枚而去。月色甚明，乃與吟兄閒談久之。十二時十五分第二次來襲，一時三刻去。就枕已二時矣。

8月23日　星期一　晴

　　晨七時起。則吟兄已去車站，乘長途汽車回杭，已不及握別矣。今日天氣特為悶熱，甚願其長途安好。十時到臨時辦公室一轉即出。回寓後擬往謁委員長，以電話往

詢，知忙於指揮軍事，遂中止。午後到佛兄家小坐，與墨三諸君談約一小時，並與佛兄商定，以芷町、君強均屬於五組辦事。四時滄波來寓詳談，自身世以至於國事，縱談甚久。晚餐後滄波以余悶坐無聊，邀往味辛家納涼，至十一時歸。即寢。十二時甫合眼，而防空警報又作，敵機約六架又來夜襲，二時卅分始解除警報。

8月24日　星期二　晴

晨七時起。八時卅分往臨時辦公室，核辦文電五、六件，至十時卅分歸寓。神經頗疲，心神亦不寧貼，想因氣候惡劣之故也。午餐後小睡，三時卅分往謁委員長，請示人事各件，奉諭准以佛海兼五組事，並略談大本營組織。四時自陵園再至臨時辦公室，核辦文電，並與慕尹略談，五時卅分歸寓。次行又去牧龍鎮暫住，夜月色甚佳。與學素閒談。七時許敵機又來窺襲，被擊落一架，九時始逸去。十時以久不見力子，即往訪之，談大局情形，力子以為機構完整乃抗敵必要條件也。今夜慕尹等他往，十二時始得消息，未及往送。

8月25日　星期三　晴、傍晚有大風雨

晨七時五十分起。昨晚睡太遲，且多夢，心神不寧已極。十時往中央醫院視胡適之，代表委員長加以慰問。適之於二十二日患痢疾入院，茲已痊癒矣。略談即出，至臨時辦公室，辦發文電十件。蕭秘書化之來談甚久。十二

時卅分始返寓。午餐後小睡至二時醒。孫宗鶴君來寓，察視新改之地下室，以為勉強可以應用。行政院送來文電，即為處理之。荻浪自某處來長途電話，囑在京辦覆電三件，即辦就交學素送會核發之。沈衡山擬來訪，約以明日接談。夜八時二十分又聞防空警報，至十時始解除。疲甚，洗浴，就寢。

8 月 26 日　星期四　晴

晨七時卅分起。連日早晨頗嗜眠。此或於病軀有益乎。九時到中山文化教育館訪沈衡山，旋同至汪公館訪岳軍。適國防參議會開談話會，晏陽初、張君勱、李璜、盧作孚諸人均到，岳軍邀列席旁聽，至十二時始散。以電話與學素接談，知荻浪等已回京矣。回寓午餐後略睡。君強來訪。三時卅分到臨時辦公室，核辦文電十餘件。今日來件漸多，不知何故。六時卅分，擬往陵園，以太遲不果，遂歸寓。李國泰自杭歸，知吟兄已歸去矣。十一時就寢。

十二時十分敵機分四面來襲，轟炸多次，直至三時五十分始解除警報。

8 月 27 日　星期五　晴

昨睡太遲，晨起已七時五十分矣。十時到臨時辦公室，無重要公事，辦發普通件三件。十一時卅分到陵園謁委員長，承命擬致許閣森大使慰問函，以許昨在京滬道上被日機炸傷甚重也。一時歸寓午餐後小睡，睡中多夢，不

寧已極。四時再到辦公室辦發文件十餘件，至六時完畢，
即歸寓。七時芷町與君強來訪，芷町今日始自漢來，為侍
從室五組工作云。夜力子來訪。八時聞空襲警報，未半小
時即解除，殆敵機未入京市也。一時又來襲，亦未入市即
去，二時卅分寢。

8月28日　星期六　晴

晨七時起。作私函數緘。十時到會辦公。汪先生偕
褚民誼來參觀居室，有遷入居住之意。今日辦理文件較
多，十二時卅分始回寓。午餐後到佛海家小坐，與芷町、
君強等談組務甚久。慕尹近來對余之意甚惡，殊不解其
故。昨晚忽臨時決定四、五組只許八人在會辦公，不得已
遵照其意而指定之。四時再到會，辦發文件八、九件。接
康兆民電話，知有某件待起草，五時卅分到官邸與委員長
談該件內容，六時卅分歸寓，蒐集材料，忽不見前所保存
之三中全會紀要，久覓始得。夜多思慮，十一時就寢，不
能入睡。

8月29日　星期日　陰

晨七時卅分起。為同鄉鄭禮仁（鄞縣殷家灣人，合
昌軍裝蓬行項蓮孫之甥）作保證向航委會投效。起草談
話稿，自八時卅分動手，至十一時卅分完畢，即去會辦
公，核發文電八、九件。以擬成之件交繕後即回寓小睡一
小時，三時再去會，則第一、二組忽然決定遷出矣。迷離

恍惚，如墮五里霧中，何以千方百計如此相排，真不可解也。辦發文件約十件，既畢即出。到佛兄家，與天翼談，忽聞空襲警報，約卅分鐘即解除。佛兄自慕尹家歸，知其對余誤會甚深，早知若此，悔不當暑假前快快擺脫為佳也。皋兒來家省親，晚飯後去。九時訪岳軍詳談，十時卅分歸，即寢。

8 月 30 日　星期一　晴

晨八時起。學素已去會辦公矣。接岳軍電話，約芷町到大本營任事。即至佛兄家商量，決兩處暫兼。九時到慕尹家小坐，向之說明辦公地點分配事，並致歉意，以如此時局，不欲為此小事生誤會也。十時到會辦公，辦發文電兩件。小坐閱報，知中蘇不侵犯約已於昨日正式公佈。十二時歸寓小睡，亦僑、自誠先後來談。交亦僑匯六弟三百元，知其支用甚繁，而經濟極困也。黃部長季寬送來手令稿，囑修改文字，即修正送還。其時忽覺發熱，遂決定不去會。學素攜公事來，即批辦之。六時聞空襲警報，約五十分鐘解除。夜十時寢。

8 月 31 日　星期二　晴、熱甚

晨七時起，八時到佛海家，與談大本營之組織及委員長有令侍二處歸併之意，並接洽其他人事工作。十時到會辦公，核發文電七、八件。十一時到陵園，擬謁委員長商承侍從室改組事項，適有客，不及見，即在第三組午

餐。與日章略談即歸寓，午睡片刻。慕尹以電話來約往談
侍從室整個收縮事。三時聞空襲警報，但不久即解除。四
時到慕尹家，商議事件，其有己無人之氣慨堪為一驚，卒
以折衷意見上一共同簽呈。六時到周宅一轉，復至岳軍家
小坐。七時歸寓，七弟自滬來，接大哥來函，其氣甚壯。
晚飯後忽傷風增劇，熱度卅八度四，延陸醫官診視，斷為
風寒。十時寢。

9月1日　星期三　晴、熱甚

　　晨七時起。以昨晚出汗甚多，精神稍爽，然甚覺疲倦。八時陸醫官來診視，知熱已退淨矣。八時卅分到官邸謁委員長，面諭侍從室不必因大本營成立而歸併，其意似謂維持現狀也。又奉諭國防最高會議及常會開會時，余應前往列席，並詢余能否兼任大本營之副秘書長。余答以如侍從室結束，則可在大本營任事，否則體力精神實難兼顧，僅擁名義，亦不能為秘書長助，不如不兼也。並便陳在侍從室中諸事不能安排妥適，人事方面亦相處不善，甚感痛苦。委員長頷之。九時卅分歸寓，與佛海通電話。芷町來談良久而去。馬生積祚將赴重慶，亦來京相訪。接允默廿五、廿六兩函，細、憐必欲赴杭，閱之心甚煩悶。午餐後小睡醒，荻浪攜文件十一件來，即批閱之。委員長交下修正談話稿（對路透記者），即為對照原文修改畢，攜至陵園呈核。奉諭不必發表。六時歸，溯中來談。晚餐後悶熱異常，與次行略談即寢。

9月2日　星期四　晴

　　昨晚似又有微熱，晨醒測之，則為常溫，但咳嗽未止耳。六時卅分起，作家書數緘，並致細、憐、皓一函，囑令停學一年。以細兒仍欲住杭執教，兼旁聽浙大課程；而憐更決心欲入學；皓則以應否入學請示於母。其實同濟校舍已燬於炮火之下，即欲入學，亦無法也。兒女長大以後，即有志願，不能相強，然女兒單身在外，何能放心。

故馳書告之，恐已不及阻止耳。八時卅分到周公館一轉，
晤陳仲甫君，談十餘分鐘。接俞國華電話，知委員長已批
示，侍從室不必改組，並派余為大本營副秘書長。十時到
地下室，核辦文件四、五件。十一時卅分出，至岳軍家，
在彼晤立夫，即在彼處午餐，商秘書處各事。一時回寓，
小睡即起，與次行及七弟談。三時再至佛兄家，商談一
切，天翼約佛兄任第二部副部長，而佛兄意頗躊躇也。四
時五十分再到地下室，核發文三件，並準備遷移。五時卅
分到陵園謁委座，未遇，至遺族學校一轉，即歸。咳嗽又
作，且有微熱。晚餐後子翰來談甚久。十時卅分寢。

9月3日　星期五　晴

晨七時起。八時偕溯中兄往見張秘書長。約定溯中為
大本營秘書，任撰長篇文字之責，並司整理消息等事。九
時出席常會，到戴、孫、于等十人。汪主席討論教育、財
政數案，十一時完畢。即至陵園謁委座報告。十一時卅分
到遺族學校，辦發文電數件。歸寓午餐，天熱覺甚疲。三
時卅分再到遺族學校，辦發文件數種。五時歸寓，芷町、
君強來談甚久。夜公弢來訪，十時卅分始去。十一時寢。

9月4日　星期六　晴、熱甚

晨七時起。八時接陵園電話，往謁委員長，交擬通
令及通電多件。以一件送二組辦理，其餘交張秘書擬初
稿。又奉諭交擬對美聯社談話稿，斟酌許久，未得當。

核發文電數件，十二時歸寓。午餐甫畢，又奉召往，面
授中央社參考電，為擬撰談話參考，即在張秘書長寓，
與徐謨商內容畢，歸家寫成之。五時赴陵園面呈，並報
告數事。仍回遺族學校，辦發要電數件。歸至佛兄家一
轉，熱甚，不可耐，回寓洗澡後稍覺爽適。七時應公弢
約，往其家晚餐，為陳武鳴送行，到力子、同茲等多
人。八時聞警報，約五十五分鐘解除。乃就庭院小坐，
談至十時歸。以某項通令交陳芷町秘書改擬，並與次行
談。至十一時卅分始就寢。

9月5日　星期日　晴、熱、下午稍涼、雷雨

晨六時起。核改令稿二件。八時到佛海家與天翼等
談，知佛海已兼任第二部副部長矣。九時到遺族學校辦
公，十時偕錢端升見委員長。爰向委員長請示數事。十一
時到辦公處一轉，即至北平路訪胡適之。旋往訪力子先
生，十二時歸寓午餐。餐畢小睡，熱悶異常，旋狂風驟
作，有雷雨而不透風。芷町擬就令稿二件，為修改之。四
時卅分到陵園，辦發文件七件，核發致中央黨部電一件。
五時卅分歸，到佛兄家一轉。晤張申府教授。聞翁詠霓自
英歸，往淬廉家訪之，談一小時餘。夜十一時寢。

9月6日　星期一　晴、熱甚

晨六時五十分起。接佛兄電話，知即日去鎮江，
三、四日後返京。九時到鐵道部參加常會，到居、孫、戴

等，汪主席討論二、三案，均不甚重要。十時完畢，即至
官邸。適委員長見客甚忙，遂至辦公室一轉，辦文二件。
十一時到張宅參加各部聯席談話會，決定編制等件及總動
員草案，討論畢已十二時卅分。即與吳、翁、熊同在張宅
午餐。餐畢歸寓小睡，至三時卅分醒。與立夫、溯中通話
後再至張宅。決定溯中擔任之職務。以疲甚，未去會辦
公。五時聞空襲警報，六時解除。夜學素攜來文件四、五
件，即辦發之。十時寢。

9月7日　星期二　陰雨、下午晴

晨六時十五分起。今日天氣轉涼，較昨約低六、七
度。九時到遺校核辦文電七、八件。十時偕胡適之同見委
員長，談四十分鐘。十一時到陵園一轉，並約荻浪到辦公
室，商分配公文手續。十二時歸寓午餐。餐畢小睡至二時
醒。往張公館與岳軍談商秘書廳及各部公文分配事項。蘭
友來，共談十五分鐘。四時再到遺族學校，辦發文電五、
六件，五時卅分歸。溯中來訪，決就大本營秘書職，晚餐
後略談即去。九時君強來訪，談卅分鐘。客去無事，讀汪
容甫文集，就案頭隨手取讀以自遣。十一時寢。

9月8日　星期三　晴

晨六時卅分起。汪葆恩來訪，介之入大本營秘書處服
務。八時到遺校，辦文電四、五件，並謁委員長，商承覆
徐堪電。九時赴會，討論財政案，各委發言甚多，至十一

時始散。往陵園報告，十二時卅分歸寓午餐。慕尹以電話託許秘書事，適芷町、君強來，偕訪岳軍，略商秘書廳事，即偕同往勘辦公地點及宿舍。因城外交通不便，故未決定。五時到遺族學校辦發文電十餘件，七時歸寓晚餐。往中英文化學會送胡適之、張子纓、錢端升三君赴美。空襲警報五十分鐘解除，九時送之太古碼頭武陵輪次，握手而別。歸寓後不能睡，十二時寢。

9月9日　星期四　晴

晨六時卅分起。七時卅分梁仲栗來訪，言閒居精神極苦悶，願在大本營擔任工作，即以電話託岳軍先生為之設法。十時至遺族學校，辦發文件八、九件。十一時到官邸謁委員長，略有報告。十二時歸寓，溯中攜擬告各地父老書來商內容，為指正之。午餐後小睡，覺有微熱，不以為意，三時仍去遺校辦公。四時歸寓，則熱漸高（三十七度八），且骨痛不止，乃靜臥休息。夜陸醫官來診視，斷為風寒，與工作疲勞所致。服奎寧一丸。九時卅分入睡。

9月10日　星期五　晴

晨九時許起，測熱仍未退淨，且覺疲甚，乃決定不赴會辦公，常會亦未列席，取舊書數冊讀之。向午覺心神漸安定。午後一時聞空襲警報，二十分鐘即解除。三時佛兄來訪，攜來果夫一函。旋陸醫官來診病，囑休息三天，留藥而去。亦僑來商公事。溯中攜文稿來請改定。核辦文

件。滄波來談有赴滬辦宣傳意。慶祥來商保留機要科職員事。接家電知允默等已遷至石步村，此必吟兄之主張也。皋兒文余疾歸寓省視，晚餐後去。此兒天性誠篤，亦頗知禮義，可為喜慰。與岳軍通電話甚久，李司長送來委員長對 DAILY EXPRESS 談話稿，九時五十分芷町來寓商公事，十時餘始去。十一時卅就寢。

9月11日　星期六　晴、午後悶熱

晨六時卅分起。天氣轉涼。今日遵醫師之囑，仍不去會辦公，在家休息，有事則王秘書電話商酌之，然亦無甚急要之件也。溯中兄所擬書稿字句尚待斟酌，午後擬為修改之，乃腦力極散亂，久久不能就，且覺頭痛未癒，臥床休憩二小時。取自反錄讀之，盡三冊。午後天氣轉熱，極悶。五時到佛兄家與希聖、思平等研究國際局勢，覺皆無能為我助，談次均不勝憂憤。九時歸，批文電八件。十一時寢。

9月12日　星期日　晴

六時五十分起。仍有微熱，故不去會辦公。接允默九日所發函，知定於今日移西鄉，吟兄等同去。其地殊鮮親故可依，余此時亦無能照顧矣。又接皓、憐各一函，續接四弟一函，四弟之鎮靜明義，亦殊可喜也。向午天氣又悶熱，倦甚小睡。比醒，知侍從室又擬遷移，心緒為之紛然。道鄰來談國際局勢，言德對我殊不惡，唯國際宣傳宜

多方適應云。傍晚出外理髮，歸來核辦文電七、八件。為增加生產調整貿易案，於十時往寧海路與岳軍商談甚久，歸不能睡，十二時寢。

9月13日　星期一　晴、下午雨

六時卅分起。今日熱已全退，體力亦恢復。七時卅分到陵園謁委員長，請示某件後即回辦公室。辦發文電三件。九時出席常會，討論戰時經濟及增加生產等問題。並通過本年度各費支付辦法，十一時散會歸寓。發私函數緘，午後小睡一小時。二時卅分到辦公室，辦發文電七、八件，覆果夫一函。四時五十分回寓整理物件，並至赤壁路秘書廳辦公室巡視。夜力子來談甚久。作家書二緘。十一時寢。

9月14日　星期二　晴

六時卅分起。九時卅分到會辦發文電五件，閱情報等四件，十一時卅分歸寓，覆荷君等函數件。吳開先君來訪未遇。午後小睡一小時，修改書稿一件。三時卅分到會辦公，文電不多，僅五、六件而已。抗戰以來，各地方政府小事不以關白而自己負責處理，故政治之件減少也。五時康兆民來談，偕往謁見委員長，商談話稿。七時歸寓。夜修改談話稿。九時君強、芷町來商公文處理手續。十二時就寢。

9月15日　星期三　晴、下午轉熱

晨六時卅分起。九時到常會出席，通過增加生產調整貿易案，知大同淪陷，守軍未作猛烈抵抗而退。另討論議案數件，並傳觀戰時經濟意見書多件，至十一時卅分散會。即至官邸謁委座，報告在會場情形，以甚忙，即退至辦公室。辦發文電五、六件。一時歸，午餐。餐畢與次行談。接憐兒、圻兄各一函，五時再去辦公室。辦文電六、七件。並擬致張仲仁一電，以其發起老子軍，覺名目甚不妥也。五時卅分謁委員長，報告下午與汪、葉諸公談話之要點。七時出，往訪佛海，與陶、梅、陳、羅諸人談，九時卅分到岳軍家詳談，至十二時歸。即寢。

9月16日　星期四　陰

晨七時起。以昨睡稍遲，即覺疲甚，足證精神不如去年遠矣。九時到佛兄家小坐，偕往遺族學校，命各職員與佛兄相見。十時同往謁委員長，立夫亦在，委員長命佛兄周旋到京之各方面人物，略談即辭出。復介紹蕭、古、俞諸秘書與佛兄相見。十一時到遺族學校辦發文電數件，商遷移辦公地點事。十二時歸寓。二時到青雲里訪陳啟天，知其自鄂來京已二日，蓋已十年不見矣。與啟天、舜生談甚久。三時卅分到遺族學校，辦文電六件。四時卅分出，往訪季陶先生談大局。旋聞警報乃歸，至佛兄家暫避，不久即解除，遂在彼家晚餐。九時歸，立兄來談。十一時卅分寢。

9月17日　星期五　雨

晨六時卅分起。覆圻兄及憐兒各一函。九時出席常會，邵、陳（公博）、陳三部長均列席，討論宣傳，訓練等事甚久。至十一時二十分散。接陵園電話，即往見委員長，囑以某事與康兆民接洽，遂以季陶先生之意轉呈，請為鄭重考慮，委員長允之。即回辦公室，與兆民接談甚久。一時回寓午餐。午後三時往辦公室，辦發文電六、七件。五時到張公館，列席大本營各部會報，至七時始畢事。與岳軍、詠霓略談即歸。聞慕尹今晚去某地。夜與學素談戰局。十一時寢。

9月18日　星期六　晴

晨八時始起，殊覺勉強，以昨睡太遲，且未合眼也。謝壽康君來訪，擬為蔣先生編一法文傳記，贈以十五年前之蔣先生一冊，並略談內容要例而去。九時至辦公室，十二時始歸寓。知辦公地點遷移何處尚未定，心殊煩悶。午後三時卅分再去辦公室，改定委員長對巴黎談話稿，即送李迪俊司長發出之。五時事畢，到佛海家，與陳芷町秘書接洽某件。果夫先生自鎮來，遂與長談。自戰地政治以及教育水利，無所不談，直至十時始別去。歸寓後校舊稿。十二時寢。

9月19日　星期日　晴

晨八時起。以昨晚睡又不佳也。八時十五分幼椿、啟天來訪，適聞警報，大隊敵機來襲，遂在地下室坐談以避之。敵機在城西、城南投彈，十時卅分始去。即去城外辦公室，遇萬武樵軍長，並知慕尹歸來矣。核辦文電數件。十二時卅分歸，小睡竟不易醒，三時始起。敵機又大隊來擾，但僅小部入市內。五時解除警報，知無要件待辦，遂不去辦公室。接芷町、君強、景薇三秘書來談，往岳軍處談卅分鐘。滄波約晚餐，舍我、開先等同席。食未半，委員長以電話來招相談，面授要旨，囑將談話修改之，遂歸。月色甚好，今日為中秋也。修改畢，十二時寢。

9月20日　星期一　晴

八時起。張彝鼎秘書來談，以某件交其譯為英文。九時到某部開常會，討論關稅案，並聽取第五部之報告。會議未畢，聞空襲警報，移地開會。知敵機四十餘架分三批來襲，投彈數十枚，直至一時始逸去。即出至城外辦公室，辦發要件八、九件。二時往訪力子先生，商發表新聞事。二時十五分回寓午餐。小睡後，三時五十分赴城外辦公室，辦發文電五、六件，往謁委員長。適岳軍，天翼、一民偕同入見，在座旁聽，彼等報告甚久。五時卅分出官邸，至佛兄家，與諸友談。甘介侯來訪，長談卅分鐘。七時回寓。夜代委員長繕致陳伯南函，以彼明後日可到香港，委員長派人往迎之也。八時魏伯楨先生來訪，談滬上

情形甚詳。十一時寢。

9月21日　星期二　晴、甚熱

八時起，學素已去會辦公矣。早餐畢，到慕尹家談商辦公地點，談卅分鐘而出。至城外辦公室，聞委員長約談，即往請示，交下談話稿等，囑於明日發表，即回室整理校對後，分寄邵部長及李迪俊司長。十一時到外交部臨時辦公處訪徐次長叔謨，傳述委員長意旨，望其與德大使一談。十一時卅分回寓，芷町、君強、伯鷹、彝鼎等先後來訪，下午接學素來電話，知無要事，未去辦公室。且知本室定今日下午移至某地，四、五組先搬入云。夜與伯楨閒談。十一時寢。

9月22日　星期三　晴　移寓永慶巷

七時起。以應辦文件囑託學素。早餐後出席常會，討論關稅案，民眾訓練案，及改定會期案。甫畢，敵機又大批來擾，即宣布散會。出至周宅小坐，至十二時始解除警報。今日敵機入京上空者二十餘架，投彈數十枚，中央黨部亦被投彈五枚，幸未有死傷。歸家午餐，方擬小睡，又聞警報。以公弢之招，往其家小坐。旋力子亦來，翁照垣將軍為余等談笑以遣憂。敵機入京不久即去。自警報開始至解除約僅一小時許。三時廿分到新辦公室，核辦文電八、九件。五時歸寓，與伯楨、次行等商，以永慶巷既有空房子，且公弢一再相招，盛意可感，乃決定暫時移寓彼

處（此屋原為陳武鳴所住），頤和路寓則仍保存。六時晚
餐畢即移寓。夜力子諸君均來寓談，極熱鬧。新寓房舍光
線充足，似較舊寓為勝，一切均公弢為余布置，可感也。
十二時始就寢。

9月23日　星期四　陰

晨七時，為隔室談話聲擾醒，遂起。以文件交學素
帶去，而留寓整理書件。十時到陵園謁委員長，報告關稅
案及發表談話事與力子商談經過，約二十分鐘即回寓。午
餐後小睡至三時始醒。接允默來函，對余多所勸勉，殊感
動。三時五十分到地下室，辦發文電六、七件。五時歸
寓，與滄波談。夜芷町、君強同來談秘書廳及大本營事。
九時始去。改定軍校十一期畢業同學錄序。十一時洗澡
就寢。

9月24日　星期五　雨

晨七時卅分。草草盥洗畢，即往鐵道部出席第十五
次常會。八時卅分散會後到三軍官舍岳軍寓所會談。十
時歸寓，接貞柯、子翰諸君自杭州來函。以電話詢學素，
知無要事，午前遂不去會，以昨睡太遲覺頭昏，午餐後
補足之。三時往地下室辦發文電八件，摘閱情報六件。
荻浪、淬廉二君來談，淬廉言，第四部今日起全部遷入
辦公矣。六時歸寓。夜皋兒來，芷町、君強、濟民來談。
十一時卅分寢。

9月25日　星期六　晴、燠悶

晨七時卅分起。今日敵機大舉來襲，先後四次，中央廣播電台及中央通訊社、下關電廠等均受損害。第一次九時至十時卅分，第二次十二時，第三次三時，第四次五時。余在第一次警報解除後到山中辦公，其餘時間均在五台山寓中，以敵竟日肆擾，致行動一切均不靈便，殊為可恨。午後偕公弢往參觀鄰居之避彈室，晤淬廉等。夜與力子、芷町諸君談。神經受激刺，不能睡，午夜後始入睡。

9月26日　星期日　雨陰

昨日以敵機肆擾終日，神經為之震盪，夜眠不寧，今晨甚覺疲憊，直至九時始醒。與芷町研究某項文件處理辦法甚久，十時卅分偕往地下室辦公，核辦文電六、七件訖，仍同車歸寓。一時午餐，餐畢小睡一小時二十分，以電話詢學素，知無要事，遂不去會。與次行談戰局，復與岳軍通電話。今日天空如墨，敵機未來襲，然心神終不安定，亦可見修養之缺矣。夜無事，與力子談。十時卅分寢。

9月27日　星期一　晴

晨七時卅分起。即赴陵園謁委員長，報告近兩日情形，並與王組長世和接洽住所等事，談卅分鐘即歸寓早餐。十時許到山中辦公室，辦發文電十餘件。今日事較多，且敵機自十時至二時又三度來襲（在浦口、八卦洲等

處投彈多枚），未回寓午餐。午後味辛、立凡、淬廉諸君來談，芷町亦來談禁煙事，辦發禁煙總會件，五時始回寓。發熱，頭痛，心緒甚惡，洗澡早寢。

9月28日　星期二　陰

晨七時卅分起。接陳宅電話，知立夫已西行。八時去陵園，見委員長，擬呈電稿一件，核定後即發。九時到山中辦公室辦發文電八、九件，十一時卅分完畢。擬歸寓午餐，而敵機又來擾，至午後二時卅分始解除警報。三時到太平門內姚味辛臨時寓所午餐，白副參謀長及劉為章、王達天來會餐，三時五十分回寓。與公玼閒談。五時到岳軍家，詢昨日常會情形。詠霓來談。七時歸。晚餐後溯中來談，關佩恆來談四川財政。十時卅分寢。

9月29日　星期三　陰、下午雨

晨八時起。以昨夜睡眠不足也。發第十六號家書，告近狀，並問泉、細在鄉情形。擬往訪健羣，數以電話往詢，均不在家，乃作書寄之。健羣欲余撰某項文字，實不能應也。十時來山中辦公室辦發文電十餘件，並簽擬禁煙總會仍歸隸軍委會之辦法一件。禁煙總會隸行政院後，諸多窒礙，殊非更張不可。二時卅分事畢，出至佛海家，與佛兄、思平、希聖等談敘久之。季剛弟來余寓，晚餐而去。六時學素自辦公室來，攜來文電八件，即批閱之。夜力子來談。十一時寢。

9 月 30 日　星期四　陰雨

　　晨八時起，九時趙棣華君自鎮江來，約談蘇財政事，往西流灣晤之。十時到山中辦公室，辦發文電六、七件，複閱摘呈各件，即在彼午餐。餐畢略睡即起。二時出訪季陶，未遇乃歸寢。接大哥書，言默等居石步殊不適云。四時卅分接果夫電話，囑請示某軍用路，即往陵園請示後，到辦公室覆電告之，並核發文電六件。委員長擬以禁煙總會仍隸軍委會，代電張秘書長，由中政會核定之。七時歸。夜十時卅分寢。

10月1日　星期五　晴

晨七時起。九時到山中辦公室發文電十餘件。熊天翼、盧作孚、何淬廉諸君來談甚久。作孚為我述四川財政二十六年度虧短當在二千萬以上，並告我以川中擬議之補救辦法。十一時卅分諸君去。午餐後小睡。念時局，憂思殊甚。三時到佛海家，與陶梅諸君閒談。陶君明日回鄂矣。五時以某要電再去山中辦公室核辦訖，七時歸。八時出席第十八次常會，席間居院長與王教長忽起爭執，經調停始無事。十一時散會。十二時寢。

10月2日　星期六　陰、下午微雨

晨七時卅分起。八時卅分到陵園謁委員長報告常會第十八次情形，並請示國民大會事，委員長贊成不定期延長，九時到山中辦公室辦公，思平及羅隆基二君來談。淬廉亦來談，知王教長表示消極，現正由友人婉勸中云。即在辦公室午餐，二時歸寓小憩。榮寶澧君來談。四時再去辦公室，辦發文電六、七件。六時卅分歸寓。夜志游、冲叔來訪。旋慕尹、武鳴來談。十二時始寢。

10月3日　星期日　陰

晨七時醒，覺甚倦，再睡，乃至八時卅分始起，以昨晚睡太遲也。九時卅分與佛兄偕赴辦公室辦公。思平兄等來談，共同研究外交部情報司之消息，並探討國際情勢。十一時佛兄先退，辦發文電十一、二件。午餐後小睡，辦

人事任命一件,以榮寶澧為四組秘書,通知軍委會辦令。四時歸寓,接家書二緘,又接四弟來函一件,晚餐後與學素談大局。學素今日始承認余一年前之觀察為確當。魏邑壽君來談,十一時就寢。

10月4日 星期一 陰

晨八時起,九時往陵園謁汪先生,代致委員長之意(對於黃宗孝授勳事商定整批發表),汪先生殷殷以國事為詢,略陳所見而別。十時到辦公室,今日佛兄仍來處辦公,十一時後始去。午餐後小睡。與芷町等商公事數件,二時回寓一轉,五時再去辦公,發文電七、八件,六時卅分歸。發致泉、皓、細、鍇及九妹各一函。夜八時往鐵部列席第十九次常會,討論外交件,十時卅分畢。歸與力子略談即寢。

10月5日 星期二 陰晴

晨八時廿分起。九時聞空襲警報,至鄰舍何宅地下室暫憩,李幼椿、左舜生二君亦來避,敘談久之。在何宅晤方顯廷教授(鄞人),聞名久矣。十一時警報解除,往山中辦公室,辦發文電五、六件。一時委員長約往午餐,為三十七師馬鴻賓師長(子寅)接風。座中並有李翰園廳長,談寧夏事件甚詳。二時卅分再至辦公室,辦發文電七、八件,四時歸。五時又聞空襲警報,至六時卅分解除。夜在公廢家聚餐,冷榮安及何淬廉均來。十二時又有警報。三時寢。

10月6日　星期三　陰

晨八時五十分起。九時十五分到張公館，與岳軍談洽秘書廳各事。聞方叔平亦到京矣。參議員各方希求者頗多，岳軍頗有難以應付之勢，言下頗覺慨嘆。談話甫畢，聞警報，匆匆辭出。到辦公室，燭光下不能辦事，與溯中、思平燭光閒談，甚以浙疆為憂。十一時卅分警報始解除，聞安慶被炸甚烈。辦發文電六、七件後小睡，警報又作，歷一小時餘解除。聞通濟門落數彈，但敵機毀落二架。五時卅分歸寓，接允默函，頗不安於石步之居。夜又聞警報，慕尹來談，興致極豪。十一時卅分寢。

10月7日　星期四　陰

晨八時卅分起。九時到山中辦公室，今日佛海未來會，核辦文電六、七件，與君強商定禁煙總會之呈核公文手續。午餐後以有客來談，遂未及午睡。午後辦發關於禁煙總會改隸事之通知五件。學素等迄今猶未諳公文程序及措詞用語之分際，可為慨嘆。李子寬、李唯果二君來談，以志願兵問題交唯果研究。五時到官邸委員長對羅斯福演講詞發表談話，與夫人商酌改定之。七時卅分歸寓。夜與同茲通電話。佛海來談。

10月8日　星期五　陰雨

晨七時十五分起以委員長電話招往，匆匆盥洗畢即往謁。交擬雙十節講演詞。口授要點，囑即日撰擬。九時

到山中辦公室，佛海、天翼、唯果諸人先後來談，至十一時猶不能動筆，午餐後始勉強屬稿。既成，殊不愜意，然已頭腦脹痛，不能用思慮，遂草草繕呈。六時歸寓，接閱允默來函，知又將遷居城中，以旦姨患傷寒也。七時卅分委員長再電招命修改講演稿，歸途覺發熱，然不能不力疾動筆，十時完畢交繕。十一時寢。

10月9日　星期六　雨

晨七時起。七時卅分往陵園以改正之講稿面呈核閱，復指示修改數點，並親加兩段，囑攜回修正文字。即歸辦公室，先繕一份送李司長，譯為英文，再就中文稿詳細酌改之，十二時完畢。午餐後小睡三時，再攜至陵園，委員長再加入一段，並略談國際形勢漸次轉變，應撰發鼓勵國人書，並告諸將士云。四時往訪岳軍，談半小時歸。七時卅分接電招往陵園，八時委員長在官邸廣播演講，歷十五分鐘始畢，即回寓。天翼來長談，同茲、慕尹來訪，談至十時始寢。

10月10日　星期日　陰雨

今晨六時舉行國慶紀念，余不能早起，未往參加。八時十五分起床，草草盥洗畢，即往山中辦公室，辦發文電十餘件。何淬廉君來談，良久而去。粵軍官分校一、二期學生總隊刊同學錄由張秘書代擬序文，為修正而發出之。今日報載，英首相談話，響應美總統與國務院之宣

言，英美意見顯見一致，然意大利祖日態度亦更鮮明矣。
午後三時到佛兄家一轉。歸寓閱情報多件。五時皋兒自醫
院歸省。夜與力子佛海談，十時五十分寢。

10月11日　星期一　陰雨

晨八時起。九時卅分到山中辦公室，天翼來談國際
形勢，縱橫上下，其言甚辯。為第一部修改訓令稿兩件：
一、整頓軍紀；二、令知敵方損失情形。乃王達天送來改
擬，由芷町及伯鷹擬初稿，余為刪潤之，至午後三時方
畢。核辦文電十二、三件。閱禁煙總會稿約二十件。五時
五十分歸寓。天色陰沉極無聊。夜八時參加第二十次常
會，王外長報告外交情形，席間各人對劉塵蘇頗多責備
語。十時卅分散會，歸與學素等談。十一時寢。

10月12日　星期二　晴、午後轉陰、夜微雨

晨八時起。九時到山中辦公室。今日上午敵機兩架
來窺伺，均被擊落，人心稱快。午後又大隊來襲，兩次在
雲南路及大校場等處投彈甚多。佛海兄來，為言今日國防
參議開會情形，一般對九國公約國會議非常關切，並逆測
美英必提出調解者，我應準備不能接受時之應付辦法云
云。李唯果君從明日起到會辦公，在陵園協助宣傳方面之
事務。今日上、下午辦發文電十餘件，閱禁煙總會發文三
件，摘呈情報六、七件。午後為派車事對錢副官動氣，事
後殊悔修養不足。五時五十分歸寓，夜力子先生來余室長

談，意殊悒悒。十時五十分寢。

10 月 13 日　星期三　晴

　　晨八時卅分起。連日又患筋骨酸痛，想因居山中辦公室太久之故。九時偕佛海兄同至辦公室，核辦文電八、九件，吳立凡來談甚久，竺鳴濤亦來談。今日京中發空襲警報四次，敵機沿津浦、京滬兩鐵道飛行轟炸，在明光及武進、丹陽等地投彈甚多。午後擬草某件文字，遲遲未就，而頭腦殊昏沉，且覺眩暈。五時歸寓，溯中來商量告軍隊書之文字，滄波來談滬上情形甚久。十一時卅分寢。

10 月 14 日　星期四　晴

　　八時起。接陵園電話，往謁委員長。命分電蘇、皖、贛、鄂各省主席，注意築堤，防明年春水汎濫。又談組織及宣傳事，約卅分鐘退。至山中辦公室，核辦文電十餘件。胡適之自華盛頓來電，告謁見美總統談話始末，美國之態度似尚畏懼日本，未必有如何積極行動也。今日因所居之室漏水，遷至西首第一室。午後續辦文電七、八件，核閱禁煙總會稿廿件。葛武棨來談甚久。今日京中聞警報三次，大校場又被投彈多枚。五時廿分歸，到佛海家略談。夜無事。十一時寢。

10月15日　星期五　陰

晨疲甚不能起，直至八時五十分始勉強起床，蓋連日又患失眠，夜間必一、二時始入睡也。十時到山中辦公室，與佛海、思平等商刊物事甚久。十一時廿分佛海回寓，核辦文電八、九件。午睡一時醒，續辦文電七件，閱禁煙件八件。今日敵機兩次過京，室內電燈熄二次，工作時有間斷。四時卅分到陵園謁委員長，請示關於公博出國事。六時卅分訪岳軍等接洽。夜出席第二十一次常會，對總動員事略有討論。十時卅分散會。與力子同車歸。十一時卅分寢。

10月16日　星期六　晴、有風

晨八時起。九時卅分到山中辦公室，核辦文電十件。政府決定派赴歐專使二人，顏惠慶赴德，陳公博赴意，擬由國府下令特派。又吳達詮送來經濟、外交之研究報告各一件，閱畢摘呈之。楚傖送來某項宣傳品，亦一併摘呈。午後小睡一小時，閱情報多件，發函數緘。今日敵機飛皖及江北轟炸，兩次過京，第二次在光華門投彈多枚，六時卅分始返寓。金誦盤、陳武鳴來談。十一時卅分始寢。

10月17日　星期日　晴

晨八時起。昨晚夢見先父，似遠行歸來者，對余有所囑咐，醒後不復憶矣。又似見亡弟勉甫，此夢甚長而奇

特，莫名其故也。九時十分往山中地下室，佛海已先在，與討論戰局及國際形勢。核辦文件六件，午後閱禁煙總會稿四十件，閱情報及研究報告三件，四時回寓。天色晴美，散步久之。陳武鳴來談軍事教育，夜公弢宴客，到劉為章及武鳴與黃琪翔夫人及慕尹夫人等。餐畢，溯中、君強、芷町來訪。十時就寢，十一時入睡。

10 月 18 日　星期一　晴

晨八時起。昨晚又患失眠，晨起頗覺頭痛。九時到山中辦公室，辦發文電十餘件。何淬廉來談朱子橋將軍辭職事。老輩熱心任事，不講手續，而文書書吏，必繩以格式，宜其齟齬日甚也。梅思平來談外交，吳達詮並提出對九國公約會議前途之研究，為轉呈之，今日敵機襲京兩次，被擊落一架，落棲霞山。四時五十分歸寓，皋兒來談，發家書兩緘。夜八時出席第二十二次常會，討論外交甚久，至十一時始散會。岳軍留談卅分鐘，歸寓即就寢。甫就睡，二時十分聞警報，四時卅分始就寢。

10 月 19 日　星期二　晴

晨不能興，至九時五十分始起，猶覺眩暈也。十一時始強自支持，赴辦公室，核辦文電約十件。閱情報，知敵人運動上海中立化甚力。其向英美所提之辦法，直欲完全摒我主權於上海（以海關為中心劃二十里之圓圈）之外，而虹口等處，則企圖中日共管。其謀狡極。午後小

睡，頭痛仍不止，佛兄攜一研究稿就余商談，乃對於應付比京會議之意見。因詳談大局形勢，覺前途可憂者正多。荻浪為熊湘請醫藥費津貼，允之。五時卅分歸寓，何淬廉君來談，擬辭政務處長。徐參事亦來談。夜微熱，九時寢。

10月20日　星期三　晴

晨七時卅分起。接鶴皋兄自牯嶺來書，言推進生產事，其志甚壯。八時卅分到山中辦公室，覺所居之室，悶窒異常。今日核辦文電不滿十件，閱情報六、七件，大半時間消耗於擬核某項文字，而久久不就，蓋近日精神腦力均衰退異常也。午後佛兄來談良久。敵機又來襲，在大校場投重磅炸彈。四時卅分歸寓，散步久之，似受涼傷風，晚餐後覺有發熱現象，遂未參加會議（今日總動員計劃委員會及二十二次常會均開會）。夜十二時寢。

10月21日　星期四　晴

晨八時起。赴陵園謁委員長，承命起草訓令前方將士電一件。九時到山中辦公室，聞空襲警報，知敵機飛武進、丹陽，滋擾甚久。十時佛海、淬廉來談。接季鸞來電，討論外交，即覆之。午後敵機卅四架來襲，在通濟門、光華門各投彈多枚。二時小睡醒，核閱文電七件，禁煙總會稿四十五件。四時卅分將交擬件寫成後往陵園面呈，並偕學素晉謁焉。五時歸寓，接第卅號家書，又接酉

生來信。夜醒亞夫人來訪。十一時後寢。

10 月 22 日　星期五　晴

晨八時卅分起。連日睡眠不足，起居失時，精神非前月間所可比矣。滄波來談，知將有羅馬之行。十時到山中辦公室，接果夫電話，往訪之。適驪先在彼寓，談蘇、浙兩省政務甚詳。十二時卅分仍回辦公室，與佛海兄談出版界之現狀。二時午餐畢小憩，核辦文電七、八件。時覺昏悶不舒，遂歸寓。與濟民出外散步甚久。五時卅分立夫、健羣兩君來訪，談約一小時而別。七時晚餐，八時出席中政會，九時接連開第二十四次常會，討論外交案，十二時卅分始歸。一時寢。

10 月 23 日　星期六　晴

晨七時四十五分起。八時卅分赴山中辦公室，核辦文電十四、五件。近日以外交文件較多，然意、德兩駐使之報告均不甚著實，蓋未能與其政府要人會晤也。擬中央軍校第十二期畢業同學錄序一篇，至下午四時，覺頭痛甚，乃急歸寓休息。五時鶴皋來談，彼今日由牯嶺歸也。七時卅分晚餐，陳振先君來訪，談金口農場事甚久，先後二小時，聽之殊費力。葛武棨來談工作。旋力子夫婦來。十一時寢。

10月24日　星期日　晴

晨八時起。為委員長代撰中央軍校十一期二總隊畢業訓詞（二十七日在潯行畢業式），十一時完稿，即往山中辦公室交繕送呈。並招張秘書來，指示以後作文應注意之點，以初稿為彼所起草，不能用也。佛海來山中，一小時去，言將至鎮江一行。天翼來談，出示對九國公約之研究，有精到處。四時小睡醒，覺山中悶熱不可耐，即將應辦文件核閱訖，匆匆歸寓。覺晚景佳絕矣。晚餐後驥先來訪，談浙省財政甚久。接允默廿二日書。夜服安眠藥，十時寢。

10月25日　星期一　晴

晨七時四十分起。昨晚雖早睡而晨興腿部仍酸痛，且疲甚，可見近日體力之衰退也。九時卅分到山中辦公室，核辦文電約十件。閱禁煙總會稿卅八件。陳芷町、潘伯鷹兩秘書來談甚久。午餐後起草某項文字，至三時僅成兩段，以室內空氣不佳，歸寓中擬續成之。乃心思異常散亂，神疲而心復作跳，遂中輟焉。今夜力子約晚餐，及二十六次常會，均以病未往參加。十時服安眠藥後即就寢。

10月26日　星期二　陰

晨七時五十分為委員長擬對巴黎日報及小巴黎日報書面談話稿，分對內、對外兩項，九時卅分囑學素送官邸

呈核。十時到山中辦公室，核辦文電七、八件。頭痛益劇烈，且手掌及額際均有微熱，不知為受寒傷風歟，抑連日用腦思索太過歟。午餐後益覺不支，將本日應辦之件趕辦後，三時卅分歸寓。委員長以電話約談，臨時請假未往。歸寓後頭痛略減，唯覺發熱，夜十時入睡。

10月27日　星期三　晴

晨九時起，試熱度已減退至常溫，但頭腦暗痛未癒。細思病因當由居地下室太久之故，乃決定請假休息二、三天。閱報知滬戰更劇烈，我軍不得不再從後撤，閘北亦只好放棄，為之憂憤不置。佛海、思平兩兄聞余病連袂來訪，談第二部及總動員計劃委員會工作情形甚久。午後小睡起，覺甚無聊，聞慕尹等又去前線。益自覺慙惡。夜徐景薇、齊鐵生來談。十時卅分寢。

10月28日　星期四　陰雨

晨八時起。頭痛未癒，又患喉痛甚劇，且左顎齒牙作劇痛，不能自持，只得偃臥靜養。午餐後楊濟民醫官來為余處方，並外敷消腫藥，至傍晚齒痛稍癒。溯中兄來訪，攜來共產黨刊物多種，知彼黨仍別具懷抱，高唱合作之聲，而裡面奪取民眾之陰謀，進行愈亟。溯中恐青年為其蠱惑，且誤解中央真意，撰說明文萬餘字，就商于余，其熱誠可佩也。夜與次行談家事。十時卅分寢。

10 月 29 日　星期五　雨

九時起。喉痛已消，略有浮腫，唯齒痛仍極烈，且延及右頰，繼續以消炎藥水用紗布浸貼於面部。而鄰宅之兒童見余狼狽情形，匿笑不置，余亦報以苦笑而已。覆胡適之紐約來電，告以中樞對九國公約會議方針之大概，逆料彼接電以後必不免失望也。午後力子先生來談。夜公弢具饌餞滄波出國（隨公博赴羅馬），到京報界友人甚多，余出而略與應酬，未終席也。覆家書二緘。十一時就寢。

10 月 30 日　星期六　雨

八時卅分起。聞委員長已自前方視察回京矣。交撰之文迄未擬就，為之焦急不置，然齒痛仍不見痊，實不能用腦，不得已具函再請病假二日，得覆許可，乃在寓靜養。自次行處假得最近一月內所出期刊多冊閱之，徒深慨嘆。蓋天下從無如此以國命為兒戲之智識分子，亦無如此欺軟怕硬之國民性也。午後擬出外略散積鬱，而雨不止，悶損之至。夜溯中再來談。十時就寢。至一時始入睡。

10 月 31 日　星期日　晴霽、午後又雨

晨九時卅分起。今日喉痛頭痛均瘥，唯齒牙仍繼續作痛而已。十時後靜坐半小時，屏除雜慮，決定於今日將委員長所交之文字趕撰完成之。乃屬稿未久，而居亦僑君以房屋事來商。余自九月二十三日移寓此間後，常思遷回頤和路，因兩地開支太大，且照顧不便，今日始以次行、

學素等慫恿，決議將頤和路寓退租，此皆次行為防空設備
比較著想，余初無成見，遂亦同意焉。決定以明日將傢具
等遷來新寓，託次行、亦僑、維庸三人辦理之。至午後一
時後，大體已商定，乃閉戶獨居，集中思慮於文字工作。
自三時至六時，寫完第三段，並構成第四、五、六段之大
意。晚餐後與學素等閒談，使心思疎散。九時後諸人均
睡，遂一氣寫完之。文長四千餘言，出時計視之，已十二
時卅分矣。此文苦我神思逾兩週以上，且因此而病，既成
視之，實亦了無新意。可見天下事愈著力愈不易就也。就
寢在一時左右。用腦太久，輾轉不成寢，二時卅分入睡。

11月1日　星期一　雨

晨八時醒。以文稿交學素攜會清繕，以昨睡太遲，再睡一小時補足。十時往山中地下室，諸同事皆來問訊，酬對極費時間。芷町、伯鷹來談甚久，李唯果亦來報告工作。今日文電不多，唯數日來之積件補閱之亦甚吃力。四時卅分始將各要件閱畢，並辦發文電十餘件。往謁委員長，陳明今日起銷假，未加責備，轉致溫慰，致足感也。以昨文面呈核閱，六時辭出歸寓。夜陳博生來長談。十二時始得就寢。

11月2日　星期二　雨

晨疲不能興，以氣候惡劣，骨痛更甚，九時強起。忽聞空襲警報，但不久即解除。十時至沈舉人巷蕭同茲寓訪陳博生，偕之至陵園，十一時謁見委員長。博生報告日本事情約三十分鐘，委員長注意聽之不倦。十一時卅分到山中辦公室，接辦文電十七、八件。閱禁煙總會稿二十餘件。午後三時覺得悶甚，蓋地下室潮氣太重也。即出洞至佛海家坐談卅分鐘。訪岳軍未遇，遂歸。七時淬廉來談甚久。夜寫家信。十一時睡。

11月3日　星期三　陰

晨八時卅分起。今日骨痛仍劇烈，頭腦極不清健。十時到山中辦公室，適余室之電線損壞，在燭光下核閱文件，甚費目力。十二時應力子先生約赴其家聚餐，到楚

傖、佛海、溯中、思平、公達、百閔諸君。餐畢商談宣傳
方針及出版刊物事，至三時始完畢。再至佛海家續談，無
具體決定。四時到山中辦發文件十餘件，閱情報五件。六
時卅分訪岳軍，談精神動員事。八時歸寓。夜十一時寢。

11月4日　星期四　雨

晨九時始起，以骨痛不能興也。十時到官邸謁委員
長，交下告青年書之原稿，以為理論太豐富，宜刪節簡
練，命再擬送核。談約十五分鐘，出至山中辦公室。久未
理髮，乃就室內呼匠為櫛沐一過，並按摩全身，既畢，精
神為之一爽。午後核辦文件十餘件，以有客提先歸寓。果
夫來寓，詳談江蘇戰區內各種情況，深以一般輕詆民眾無
組織之語為憾，謂戰區民眾之冒險作工，斷非數年前所能
辦到也。談約兩小時始去。夜思作文未就。十時卅分寢。

11月5日　星期五　陰

晨八時卅分起。以昨夜失眠，稍覺疲倦，但頭痛較
前數日已輕減不少矣。擬改撰某件，思索良久而未就。
十時到山中辦公適核辦文電八、九件，撰訓詞一件（軍
校十四期入伍生團入隊典禮），改正同學錄序二首，午
後四時退辦公室，歸寓休息。鶴皋來談甚久。晚餐後季
鸞約談未及往。八時參加國防最高會議第四次全體會議，
委員長對外交事項及宣傳事項有重要報告，十一時散會
歸。十二時寢。

11月6日　星期六　陰、下午雨

　　晨九時許始起。連日晏起幾成習慣，為之奈何。十時到山中辦公室，佛海來談，決出版一種週刊，並攜編輯綱領相商，共同商定之。核辦文電約十五、六件。近日在比京會議正在開會，故外交件較多。午後淬廉、君強先後來談甚久，致不能專心作文，甚以為苦。適之來電詢德國單獨調停說何如，即覆以我方未聞有此事。四時五分歸寓，六時五十分往謁委員長。口授要旨，命擬對外談話稿，即晚擬就後送呈核閱。十一時卅分寢。

11月7日　星期日　雨

　　晨八時起，董顯光君來訪，談第五部近狀及國際宣傳事，卅分鐘去。九時卅分到官邸謁委員長，對昨擬之談話稿有所斟酌。經委員長補充數點，攜回至地下室修改之，十二時送第五部翻譯。午後疲甚小睡，三時醒。閱禁煙總會文稿卅九件，核辦文電八件。敵軍登金山衛後，浦東我軍形勢極吃緊。四時再至官邸，至七時始將談話稿最後修正，交外字通訊社發表。八時歸寓，力子來談。十一時寢。

11月8日　星期一　晴

　　晨八時卅分起。委員長來電話，索閱昨日對外報記者談話原稿，往珞珈路董顯光處覓取，適董往陵園孫宅，追踵往尋，相遇於途，同歸，取得後呈閱。奉命再加一

段，送中央社發表之。遂至辦公室，核辦文電九件。午後
小睡起。君強來談。三時往陵園，委員長命擬告上海同胞
書，初用文言寫就，委員長以為用白話較易動人，遂歸改
擬，輾轉修改，往復者四次始定稿。九時始歸寓晚餐。未
及出席常會。夜寒甚，十一時寢。

11 月 9 日　星期二　晴

　　晨八時起。九時往山中辦公室，聞浦東我軍已作戰
略上之撤退，南市仍奉命固守。念滬地諸友必復驚憂萬狀
矣。思撰擬文字，心思終告不能集中。十時委員長又交下
一稿，命修正改用白話體寫，蓋為激勵前線官兵而發也。
午後小睡起，核辦文電十餘件，閱禁煙總會稿十九件，五
時歸寓。岳軍約談青年訓練及精神動員事。晤俞寰澄君未
詳談。七時歸晚餐。與學素、次行談。對眷屬在甬極不放
心，十時卅分寢，輾轉不能睡。

11 月 10 日　星期三　晴

　　晨九時始起。以昨夜未熟睡也。十時到山中辦公室
核辦文電十餘件，正午發空襲警報，敵機十四架由六合南
來，一部竄入京空，在光華門投彈而去。味辛、達天、文
伯諸君來談。文伯前在淞滬督戰勞瘁致病，今已痊癒，然
仍消瘦也。三時小睡起。清理本日文件後，提早歸寓，作
致家人長函一通，明日由次行攜維庸回慈接眷。擬令先上
牯嶺暫住，此議創自次行，予遂和之，然殊非安全之策。

午夜再作家信數緘。十二時始寢。

11 月 11 日　星期四　陰

今晨七時卅分次行等動身赴慈後，余以昨晚僅合眼三小時，乃於彼等行後再睡，直至十一時始起。十一時卅分往山中辦公室，芷町來談川、鄂、贛、皖諸省政務及蘇省公路事甚久。核辦文件十二件，閱禁煙總會稿十九件。午後敵機十二件又來京空襲投彈，被擊落一架。四時卅分歸寓，整理書物零件，聞晉垣戰事劇烈，我軍殉城者屍填衢巷悲壯之至。夜與鶴兄及徐可成君閒談。李綺文約晚餐未去。十二時寢。

11 月 12 日　星期五　雨

晨八時起。聞佛兄已由鎮江回京，約在辦公室相晤。十時到辦公室，談青年組織及訓練事甚久。未幾何淬廉亦來談，交換關於國際方面所得之消息，並談經濟、金融諸問題，至一時始別去。午後接辦文電十餘件，閱禁煙總會稿十餘件，改文字一件，五時歸寓。聞杭州疊遭空襲，又聞鄞縣被投彈甚多，懷念家鄉，殷憂之至。夜八時到鐵部參加常會，討論要案三件、例案四件。立夫接杭州電話，謂敵艦炮轟鎮海甚烈云。十一時卅分歸寓，與學素談，輾轉不能入睡。

11 月 13 日　星期六　晴

昨晚懷念時局，憂甚不能成寐，又為送電報人所擾，至四時始入睡，故今晨頭腦昏暈，不能起，九時始勉強起床。盥洗畢，往山中辦公室核辦文電八、九件，又改正同學錄序一首。竟日怔仲煩亂，不能自持，修養之淺，可為慚痛也。佛海偕希聖來談，希聖主張明澈，觀察精當，殊可佩服。六時歸，順道訪曾慕韓於挹華里，值外出未晤，遂歸寓。不得家人消息，不知次行已到否，憂念不能自已。曾慕韓來談。十一時寢。

11 月 14 日　星期日　晴

晨八時卅分起。昨晚睡仍未足，骨痛又劇。十時到山中，辦公室諸友均以甬地不靖，紛勸即將眷屬移住贛垣。余以次行去已多日，未接來信，去電亦未得覆，乃設法以長途電話往詢宓石安君。自十一時掛線，至下午五時尚未得覆，心緒為之不寧。核辦文電八件。慶祥來談，擬派人赴奉化取文件，乃作函致謙夫，將姜家罟貞社存件一併取出，送至妥當地點保存。學素、荻浪主張派專車為余接眷，遣竺副官往接，已成行矣。迄晚乃得宓石安電話，知家人等今晚動身云。擬作文又未就。十二時寢。

11 月 15 日　星期一　晴

晨八時卅分起。昨晚睡中屢屢驚醒，神志極不寧。晨起靜坐半小時稍癒。九時卅分到辦公室核辦文電十餘

件，又核定防空學校同學錄序一篇，係張劍鋒代擬，較前似有進步矣。午後敵機六架來襲京空，在大校場投彈十餘枚，約擾一小時而去。四時到陵園，偕慕韓、舜生等謁委員長。五時出訪佛兄略談。往訪盧作孚，未遇而歸。公展夫人自滬攜兩子來京，過寓談卅分鐘。夜八時出席常會，討論要案多起。十二時寢。

11 月 16 日　星期二　雨

晨八時卅分起。昨晚接允默電，昨已抵蕭山，不知今日能成行否。周伯敏來，略談而去。十時到山中辦公室核辦文件十餘件。當此公務倥偬，只得將私事擺開矣。十二時往訪盧作孚，託在重慶覓屋，略談而出。到五台山寓整理物件，仍回辦公室，續辦文電五、六件。五時卅分到陵園，委員長甚忙，未入見。與王世和兄談。以電話詢蕭山，知默等仍未成行，電話中略談數語，囑其卡車到贛轉漢口，不必赴牯。夜八時舉行第五次全體會議，委員長及林主席均有詳盡報告，十時卅分散。十二時五分寢。

11 月 17 日　星期三　陰

晨八時起。念大局如此，憂憤之至，昨晚幾通夜未睡也。八時卅分到山中辦公室，知侍從室一部人員將移某地。十時卅分到陵園謁委員長報告數事，見其溫厚沈毅之容，為之氣壯。委員長以汪先生所擬某項稿件囑攜至張秘書處商酌，遂赴寧海路往商，即在彼處午餐。達詮亦在

彼，相共商談。旋又談秘書廳諸務。二時卅分歸寓一轉，
仍至辦公室，核辦文件三、四件。五時十分歸寓。夜力子
來談，又與公弢、公展夫人話別，彼等明日西上矣。

11 月 18 日　星期四　雨

晨六時醒，以王、潘之眷動身為之驚醒也。昨晚維
庸來電話，知允默等尚在紹興，定昨晚赴金華，如此濡
滯，不知其何日始能到贛。而到漢之期，更不能預定矣。
憂念無已。九時起床後，即往周宅訪佛兄，其夫人昨日甫
自湖南來也。今日接諸友告別函數件，京中將頓感寂寥。
十一時到山中辦公室，無甚要件，整理書物，並與毛、汪
諸同人接洽要務。午後三時歸寓，整理物件。夜與溯中等
談，感慨無已。十二時寢。

11 月 19 日　星期五　雨

晨九時始起，昨夜雖服藥亦未熟睡也。以行李十三
件託黃居中攜至武漢。十時陸步青來訪，亦將率眷西上，
為介紹船位。午溯中來辭行，彼擬往武昌辦刊物，談計畫
甚詳備。午後小睡，學素來電話囑不必去山中，以無急要
文件也。四時往訪岳軍未遇。到佛海家，與佛兄夫婦談甚
久，彼等勸余移眷湘中，然余迄不知家人已到何處也。夜
出席常會。居先生發言甚多，通過通電稿，十一時卅分
散。十二時寢。

11月20日　星期六　雨

晨八時十分起。奉委員長電話，即去陵園，承命改擬電稿一則，以國府決定本日遷渝，須通告國內黨政各界也。到山中辦公室，見在內辦事諸人均已紛紛遷出，遂歸寓中撰擬之。十一時再去陵園，取回秘書廳原擬電稿，為刪潤之。一時送陵園呈閱。芷町來談行止，余以岳軍意勸其留京相助。今日汪組長、蕭秘書、王熙均西上，夜七時皋兒來電話，以鼓樓醫院結束，乃命其搭長興輪赴漢，臨行匆促之至。於其行後，為之惘然久之。今日力子、佛海、君強諸君西上。十二時寢。

11月21日　星期日　雨

晨八時卅分。昨電稿已核發，另撰告軍隊電一紙，十時卅分呈委員長核定發出之。適馮煥章往辭行，侍談甚久而退。與國華、世和等談，旋歸寓。聞汪先生未行，午後往岳軍家探詢之。作孚、公權、顯光諸人均在彼，相與敘談今後各種應準備之件，直至六時始歸寓。夜接九江電話，知家人均已平安抵潯，與允默、次行在長途電話談十餘分鐘，甚覺安慰。夜看書至十一時寢。

11月22日　星期一　晴

晨八時起。昨晚未服藥，睡眠仍不充分也。今日上午京中發空襲警報二次，下午敵機八架來襲，在大校場等處與我機激戰甚久而去。中央日報社張客公君以社務來商，

偕至岳軍家，為商決方針，並向曾虛白處支款五千，為該社作臨時費，此皆邵先生動身匆促未及安排者也。接行營賀主任來簽呈（為川財政事），交芷町先行研究。午後四時五十分謁委員長，核呈電四件。六時與學素同歸，談大局及身世。十一時寢。

11 月 23 日　星期二　陰

晨疲極不能興，至十時許始起。得荻浪電話，知長興輪已到漢，又聞余之家人明日亦可抵漢矣。學素來電話，謂今日有船西上，本室同人再出發一批。以余在五台山，諸事接洽不便，主張移寓陵園，其言亦甚有理，乃收拾物件，僅攜必要品物，其餘均託鄰宅傭人照料。午餐畢一時卅分，遷往陵園，所居為農場主人傅煥光宅，甚明潔有致。三時往謁委員長，報告移居，並以蘇省府事請示。四時果夫先生自滇來謁委員長，就余室坐談久之而去。核辦文件七、八。夜與維庸通電話。十一時卅分就寢。

11 月 24 日　星期三　晴

晨八時卅分起。九時卅分往寧海路訪張岳軍，與陳芷町接洽公務，研究川財政件，甚費推敲，最後仍交芷町簽擬之。岳軍留午餐，食麵點多種，並留與長談，至四時始回寓。今日京市發警報三次，午後二時敵機襲入京空，投彈多枚。四時卅分得漢口電話，知家人均安抵漢口，寓明鎬宅。又接四弟自建德來書，言圖書館遷建德云。六弟

來函報告仍寓舊址。半月來繫念家人手足之心今始為之稍
慰矣。今日核辦文件，夜與顧墨三通話，又與允默通長途
電話。十時卅分寢。

11 月 25 日　星期四　晴

　　晨八時起。九時往寧海路與岳軍談。擬委座致某領
袖函稿，商酌內容畢，攜回陵園呈核。果夫兩次來電話，
商蘇省府改組事，切言財、建諸廳均不欲蟬聯任職，以辦
事太艱難，無法推動也。委員長內定以顧主蘇，故果夫來
電云爾。午後二時敵機九架襲京空，投彈卅餘枚。今日核
辦文電六、七件。夜與允默通長途電話，知決定搭民蘇輪
動身，船尚未到也。十一時與果夫通話，聞省府明日遷揚
州矣。十二時卅分寢。

11 月 26 日　星期五　晴

　　晨八時起。十時與顧墨三通電話，商定蘇省府人
選，呈委員長決定，送魏秘書長辦發。蓋江、浙兩省均為
戰區，故委員長改任黃季寬主浙，顧墨三主蘇也。十一時
到寧海路訪岳軍，岳軍決定秘書廳人員今晚離京，囑余請
示。奉委員長諭命余先行。午後五時與岳軍再晉謁，報告
諸事畢，委員長仍催我等速行，謂此間已無要務，可到武
漢待命，乃匆匆收拾行裝。為朝報職員辦就介紹函，囑亦
僑交之。夜九時卅分謁委員長，淒然有感，幾于淚下。
十一時偕學素、亦僑到寧海路，約芷町同乘安差輪西上。

蕭同茲、董顯光同行，開船已十二時卅分，自此與首都暫別矣。

11月27日　星期六　陰

　　晨九時醒。昨晚睡稍遲，而睡眠頗深，蓋連日心神勞倦極矣。十時過蕪湖，聞警報，未見敵機。與顯光、同茲諸君談宣傳業務及西行後處理國際宣傳之辦法，約二小時。顯光極熱心，而對中樞情況似不甚了了也。午後小睡一小時餘，比醒已四時矣。學素等沽酒聚飲，聊以解憂。夜與芷町、虛白諸君談抗戰中之民眾組織等問題，同茲亦加入談話，直至十一時始歸寢。

11月28日　星期日　晴

　　九時卅分起。舟已過皖境矣。與芷町談秘書廳及侍從室諸事。午餐後歸室，讀不匱室詩。與同茲談今後中央社業務。三時舟抵九江，見新兵多人，搭輪下駛。上岸到警備司令部，訪陳鳴夏司令，謝其前此照料家眷西行之盛意。以電話與南昌劉秘書長談，託問候天翼主席，以天翼適赴郊外也。又與南京國華通電話，知常州方面戰況轉佳，彼等仍留京。五時下船，夜諸友留飲，談至夜深始寢。

11月29日　星期一　晴

　　昨睡太遲，至十時始起。知舟將抵漢矣。收拾行裝

訖，略進午餐，十二時抵漢。明鎬兄來迎，即與諸君作
別登岸，到電話總局暫住。次行來，道別後情形，知允
默等適于今晨赴渝，如余早到一日，尚可在漢相晤也。
三時往訪鶴皋及徐榮卿君，謝其招待家人之盛意。旋與
鶴皋偕往同興里黃公館訪邵先生，晤邵、王二夫人，略
談即出。夜明鎬邀往又一村晚餐，歸寓後與皋兒談其個
人之出處。方之亦來訪。十一時卅分寢。

11月30日　星期二　晴

晨九時起。十時到呂欽使街訪張岳軍，適公權、淬
廉均在彼處，旋董顯光、黃季寬來敘談至十一時卅分。擬
訪佩箴未果。歸寓後溯中來談武漢文化出版界及政客活動
情形甚久。午後客來甚多，應接頗不暇。以報紙今日刊載
余已到漢，故親友多來相訪也。夜謝傳茂來談報館事，黃
季寬來談浙事。九時卅分到三義洋行訪力子先生，晤楚傖
之公子葉南，略談即別。與力子談甚久。十一時歸。十二
時寢。

12月1日　星期三　晴

晨八時卅分起。九時卅分吳達詮部長來訪，談黔省府人選事，請其逕電委座決奪之。十一時往訪周佩箴於農民銀行，旋又至民生公司訪楊成質君，未遇。遂歸午餐。午後曾慕韓君來，談今後軍事政治之大勢及川黔諸省情形。旋蔡勁軍、李士珍來訪。六時黃天民等約晚餐於蜀珍川菜社，晤寰澄及熊經畧等。九時散席，訪味辛、鳴濤均不值。至揚子江飯店八妹處小坐，談家人近況，相互嗟嘆。十時卅分訪岳軍，旋力子亦來，談外交及政治。至十二時始歸寢。

12月2日　星期四　晴

晨九時起。廖副會計長湛瑩及俞寰澄君先後來訪。十時公展來訪，彼甫於昨日自香港來漢，談滬上情況，可為髮指。幸俞市長以次均離滬矣。公展有入川之意，余留其在漢小住，擬請於中央，畀以文化方面之工作，公展慨然允之，其任事之勇為余所不及也。與南京通話，知廣德、宜興、丹陽等處戰鬥極猛烈。季剛弟來訪。傍晚姚味辛過訪。以電話詢長沙，擬與佛海通話，知已赴嶽麓山。十一時卅分寢。

12月3日　星期五　晴

晨九時起。擬遣皋兒入川投華西大學實習醫務，為作介紹函數緘。又作家書二函。十時得佘明遠電話，知南京

同人有已抵南昌者。十一時在中央銀行舉行卅三次常會，
汪、孔、王（外長）、邵、董、吳諸人均出席，談外交問
題甚久，即在彼午餐。餐畢已三時。往璇宮飯店及揚子江
飯店，分訪果、立二兄，談甚久。四時訪芷町未晤。與慕
尹通電話，並代果夫發一電，均為蘇財廳事。夜兩訪盧作
孚均未晤，至延慶街一三五號視鶴皋，祝其五十生辰。到
者甚眾。十一時歸即寢。

12月4日　星期六　晴

晨八時卅分起。九時到四明銀行，訪錢新之、杜月
笙，談彼等離滬時之情形。知滬上諸友多半離開，唯洽老
尚在滬。十時到黃坡路訪友未遇，旋至農民銀行訪葉琢堂
先生，談滬金融近況甚詳。十一時卅分歸寓小憩。午後二
時作孚來訪，談總動員計畫，甚有條理，余以移眷北碚事
與之商榷，彼大贊成，許為紹介，談一小時而行。四時往
陶陶旅館訪張彭年君，黔中之老政客也，昔與袁氏有關
繫，今頗熱心國事，有意見欲轉陳委員長，與談卅分鐘。
旋往訪幼椿不值，遇左舜生君，略談戰局，即歸寓。夜作
長函寄允默，明日航信寄渝。十一時卅分寢。

12月5日　星期日　陰

晨九時卅分始起，以昨晚服安眠藥近二片，故醒時
甚晚也。閱報知京方秩序仍甚鎮靜，而戰事已至句容與天
王寺之間。十時張客公、賀壯予二君來訪。為中央日報移

地出版事，談商甚久。彼輩之意擬遷地長沙，但力子先生尚未決定。王稻坪、謝蒨茂二人來訪。午後八妹挈嫻甥來談。今日午後四時軍委會在鹽業行樓上會報，余與八妹談，忘其時間，遂未出席。以私廢公，亦因近日心緒紛亂之故也。聞明鎬言，八弟及泉均至九江，曾以長途電話來詢，及余去長途電話，乃久之無應接，殊以為念。十一時訪力子。十二時歸寢。

12月6日　星期一　陰

晨八時起。九時到中央銀行出席第卅四次常會。徐次長、何部長及孔財長均有詳盡報告，果、立、覺生、右任諸公均發表意見甚多。直至一時卅分始散會歸寓。午餐畢小睡一小時。聞京郊戰事漸劇烈，且今日敵機在京又狂肆轟炸，致電話線被毀損。五時杜月笙、錢新之兩君過訪，略談即去。今日有財部雇輪民權船駛宜昌，乃遣皋兒入川，擬令往華西大學請求實習。夜接九江電話，知八弟及泉兒偕九妹到潯。此時始西行，舟車均無辦法，殊為焦悶不止。十二時寢。

12月7日　星期二　晴

晨八時起。十時徐可亭次長來訪，談四川財政案甚久。川當局請求取消聯合庫制度，軍費全由中央支給，聞孔財長有允意，然川財政更無整理希望矣。可亭談約一小時始去。謝倩茂偕蔣堅忍來談，堅忍擬組織浙省流亡青

年，回省作協助戰事工作，其志甚壯。養生兄來訪，知外
舅擬赴滬，不知成行否。午接慕尹電話，知上午始離京。
午後訪公弢、力子，五時到岳軍寓所會談公務。岳軍意，
余可暫留漢。七時歸寓。夜與八弟通電話，知尚未覓得船
位，甚念之。今日匯款赴渝，十一時寢。

12月8日　星期三　晴

八時起。作家書一緘又致俞國成君函均航快寄去。
十時實之來談。旋果夫來訪，擬去長沙安頓眷屬，然後再
定行止，頗思在此期間致意教育之研究云。午後為八弟等
設法船位，並詢飛機坐位，知一週內西上機均已滿矣。三
時接渝電，知默等已於昨日到渝。四時八妹挈嫻甥來訪，
談別後家中數月來近事，頗以五妹及四弟負擔過重為憂。
夜陸步青君來訪，談正中書局事。葉北平君來談豫省民眾
組之事。十時廿分客散，與明鎬、學素長談。十二時寢。

12月9日　星期四　晴

晨八時起。取數日來之報紙綜覽一過，擇要剪貼
之。與九江通長途電話，知八弟等午後六時可動身來漢。
十時佛海兄來談，彼甫於昨日自長沙抵漢也。石信嘉君來
訪，均午餐後去。午後小睡醒，實之弟來訪，以中央檔案
運宜，請派兵保護，為作一介紹函致郭恢吾司令。五時芷
町來訪，談秘書廳近況及軍會各單位聯繫之必要。夜往訪
吳保豐於長江飯店，晤陸以灝及劉振清工程師，以八弟事

託之。訪岳軍、作孚、幼椿皆未遇。最後訪力子、鶴皋，
知京東南郊戰烈。十一時卅分寢。

12月10日　星期五　陰

　　晨八時起。以電話詢九江，知八弟等未乘江順，改
搭鴻興輪船，須明日可到。如此則九妹不及與實之弟同行
矣。事不湊巧，焦急無已。九時出席卅五次常會，決議案
僅例案三、四件。唯各人報告及發表意見甚多，汪先生兩
次發言，極沉痛。直至一時許始散會。岳軍轉告，慕尹來
電話，囑赴潯一行，遂歸。料理行裝，並接洽船票，至四
時稍有眉目。琢堂、舜生、幼椿、佩箴，先後來訪，夜岳
軍來長談。九時訪汪先生，談一小時。歸寓一轉，以八弟
等行止各事託次行照料。十一時攜亦僑登江順輪，下駛。
一時就寢。

12月11日　星期六　晴

　　晨九時始起。以昨晚太熱，不能熟睡也。盥洗畢，
略進早餐，即至鄰室訪賀貴嚴主席，作廿分鐘之談話。十
時卅分再抵九江，即以汽車至蓮花洞換輿上牯嶺。憶自七
月間離牯返京，忽忽四月餘，對此山光，感慨不能自已。
十二時五十五分抵山，寓圖書館。此去年十月與滄波諸人
商量京滬報界共同宣言之舊地也。到十二號晤國華等略
談。至醫生窪一三九號訪慕尹，旋即偕同進見。報告武漢
各事，與岳軍通話。夜與貴嚴等同餐，承命起草某項文

字，面授要點，歸寓整理之。至十二時卅分寢。

12月12日　星期日　晴

晨八時。擬撰某項文稿，覺端緒太繁，不易組織。十時往十二號一轉，以國華諸君均將下山，余擬遲留一日，故往說明之。遂又面授要點二段，歸來已十一時矣。寄明鎬函，附去家書，託由漢航郵寄出。午餐後正擬外出，聞空襲警報，乃與亦僑步行至交蘆橋坐憩石上，聽溪流潺潺，聊息雜慮，徘徊一小時許，循蘆林、吼虎路、風雲路歸寓。天翼自省城來，譚局長亦來訪，坐談良久始去。今日與岳軍通話二次，與學素通話一次，辦發文電五件，夜覺頭痛。十二時卅分寢。

12月13日　星期一　晴

晨七時卅分起，到舍後散步卅分鐘。空氣澄潔日光煦暖，廬山初冬之景殊值人留戀也。八時卅分早餐，食南豐桔子甚多。九時以岳軍應否來牯請示，覆緩來，即以電話通知之。遂著手起草文字（為南京撤守告國民書），至午成三大段。午後接何部長電話，請示意總顧問回國事，親往十二號報告。並與慕尹談，知南京戰烈，我部隊死傷慘重，恐退路全被截斷矣。核辦文電五件，四時送慕尹下山，歸寓，將文字足成之，九時完稿。與天翼商酌內容，並談他事。十二時歸室，就原文字再加刪改。一時卅分寢。

12月14日　星期二　晴

晨七時十五分為陳清推門喚醒，以今日將下山也。
八時與天翼進早餐後，徘徊傳習學會之側，散步卅分鐘，
乃乘輿下山。經蘆林、白虎澗、棲賢寺等處，而至觀音
橋，十時卅分到達。途中景物幽美，乃無心觀賞也。與慕
尹、國華、廣祥等談此後之行止，十一時進見，以文稿呈
核。一時交下，且繕且改，至二時再呈核定，交慕尹攜去
發表，以余不同行也。三時卅分偕亦僑同至五里牌（星子
縣境），學素以車來接，五時卅分抵九江至振興館晚餐。
七時登江新輪而上，十時寢。

12月15日　星期三　晴

晨八時卅起。早餐畢，在甲板上閒眺，見傷兵難民
麕集船舷，蓋船中載客已達五千人矣。十時到漢口，船門
擠極，雇小舢板划登碼頭，明鏡以車來接。知八弟等仍在
漢，乃先至新德里次行家中往晤之。九妹、泉兒亦均在
彼，談次知彼等今日可搭普全輪赴宜昌，遂分別囑咐注意
各點，並為作介函數緘，再檢交旅費若干，囑八弟亦同往
護送。旋至電話局，泉兒來謁別，臨行黯然。午後四時囑
陳清送彼等上船，渡江至武昌，到省府招待所謁蔣先生，
命與岳軍商酌發表之稿件，遂回漢。夜聞鶴兄病，往訪略
談。旋至張宅與岳軍談二小時，十二時攜稿回寓，修改後
交繕，二時寢。

12月16日　星期四　晴

　　晨八時起。昨晚僅睡二小時，倦極不能興。八時卅分佛海來談，九時卅分偕亦僑渡江到武昌。移寓脂胭坪蔡局長孟堅之宅，極蒙優待。十一時謁蔣先生，改定告國民書稿，並報告對時局意見。十二時再往謁見。午後國際宣傳處曾虛白秘書來訪，以稿件交之，並託轉送中央社。四時再謁蔣先生，為常會事，命與張秘書長接洽。傍晚冷雋人來訪，談及方叔平欲與我相見，並道方近來之態度，談卅分鐘而去。時已傍晚，與學素出外散步，過省黨部，至熊廷弼路圖書館參觀。六時卅分歸晚餐。核辦文電七件，夜作家書。十一時寢。

12月17日　星期五　晴、午後陰大風

　　晨八時起。發俞國成君一函，商眷屬住地。核辦文電五件。九時到官邸，晤黃季陸。十時到鄂省府出席談話會，到軍會、政院各部人員二十餘人。委員長訓話，達一小時。並討論處理傷兵難民辦法及移置機關人員諸事。孔副院長、張秘書長及何部長等均發表意見甚多，直至一時始散會。臨散會時，委員長復鄭重致詞，以負責任勗到會諸人。謂「處此非常之時機，大家應負非常之責任，諸事以見義勇為當仁不讓之精神做去，勿嚴分界域，勿互相推諉」，言之至為痛切。二時回寓午餐，餐畢小睡。四時奉召至官邸談話，有指示，並交修改之件，擬日內約武漢各界舉行聯合紀念週。出告慕尹、味辛辦理之。今日為余生

日，鶴皋、公弢諸君在漢寓置酒相待，堅邀余過江，固辭
不可得，遂於五時卅分攜陳清渡漢，風大浪高，幾不可
渡，幸遇何雪竹主席，搭其便輪而渡。舟中晤晏甸樵君。
八時到孫寓晚餐，諸君勸酒甚殷，為飲五、六杯，百感交
集。夜宿電話局。

12 月 18 日　星期六　風息、陰、下午晴

晨八時起。以電話詢輪渡，知大風已息矣。九時到
岳軍家，遇黃振興君。岳軍與余談英國態度漸轉強硬。九
時卅分相偕渡江，至武昌，即到官邸謁委員長。余回寓閱
情報，十一時卅分再往官邸，有所報告。岳軍以北平偽組
織成立，國府應有明確嚴正之表示，擬先囑徐叔謨起草一
宣言云云。午後小睡起，閱情報數件，移寓於省府招待
所，與學素等同遷入之。夜核辦文電八件，撰陸大十三期
畢業訓詞一件，洗澡後十一時就寢。

12 月 19 日　星期日　轉寒

七時五十分起。八時卅分到省府官邸，九時參加聯合
紀念週。到中央各機關及武漢軍政各界代表約七百人，委
員長主席，並訓話。就抗戰當前局勢及今後努力之方向詳
細闡述，勉到會者以反省缺點，振作精神，負責盡職，即
知即行，以挽回危亡，求得國家生路。先後歷一小時二十
分鐘始散。與岳軍同至官邸，唐、顧諸軍事長官均于今日
來漢，十二時回脂胭坪午餐。午後奉召至官邸，命轉達三

件，並接洽發表新聞事。接實之電，知日內赴川矣。夜與希聖通話，閱文電八件。與學素談話。十一時五十分寢。

12月20日　星期一　陰

八時十分起。早餐畢即赴省府官邸，列席第六次會議。到委員二十一人，決定國府否認北平偽組織之宣言，並發表通緝附逆人員之命令。次決議關於川滇鐵路事由鐵部商孔副院長進行；並推汪主席召集有關人員商訂戰區及淪陷各區工作方案。委員長對黨內革命精神消沉，有極沉痛之演說，至一時始散會。聞敵機竄潯投彈甚多，武漢亦發警報，約五十分鐘始解除。即在官邸與唐、顧、誠、卓英、劉興諸人侍委員長午餐。餐畢歸寓小憩。閱情報四件，譯呈外報評論三件，核辦文電六件。夜與次行通話。至十一時卅分就寢。

12月21日　星期二　晴

九時起。以時計不準，故遲起，時已九時，而余之錶上則為七時卅分也。蔡孟堅局長來談，武昌及漢口人口增加當在二十萬人以上，防空設備漢市尚未完成，武昌正在趕築。十一時趙踵武師長定昌（卅三師）來訪。趙為雲南順寧人，言其師參加東線戰役後傷亡過半，茲以殘部撥卅二師從新成立，擬招滇軍充實之，又談雲南物產情形甚詳。客去後核辦文件七、八件，閱情報五件，陳公博寄來與齊諾爾（意外相）之談話紀錄，意國態度顯然袒日，無

可挽回也。五時到官邸與沈衡山、李幼椿、左舜生、梁漱溟、王撫五、周鯁生等先後談話一小時餘，七時歸寓。夜作家書數緘。十時卅分就寢。

12月22日　星期三　晴

八時起。核閱發文五件。十時枕琴先生來談其二孫之就學及就業事。謂我輩老矣，以此身殉國則已耳，而青年不可使失所，培養元氣以建新國宜有久遠計畫也。詳談一小時餘而去。枕公去後，補檢旬日來之報紙，擇要剪貼之。午後小睡起，核辦來電五、六件。近日來文殊稀少。胡適之來電，告美國自巴納艦被擊沉後態度強硬。五時佛海、希聖二兄來詳談今後局勢，希聖對義勇軍組織極有興趣，謂保家、保鄉、保國其道均在於此。晚餐後去，十一時寢。

12月23日　星期四　陰

八時十分起。今日氣候陰沉且轉寒，室內非爐不溫。晨起盥洗畢，許卓修君來談甚久。客去後核閱情報，並譯呈外電五件。十一時立兄來談，即留午餐。餐畢續談一小時始去。立兄近來對外交路線主聯合中、英、俄，而同時提攜德國，以解消英、法之困難，其立論甚新奇。午後二時陳武鳴來談軍官教育之最近計畫，余謂應稍稍公開之，以解國人之憂疑。蓋一般均以軍力不繼為憂也。四時到官邸，見委員長，抄呈某項綱領，並請示數件。委員長

患傷風，但仍起坐，視事如常。與學素論近事。核發文電
四件。十一時卅分寢。

12月24日　星期五　陰晴

　　晨八時十五分起。匆匆盥洗畢即渡江到漢口，出席
第卅七次常會。決議國葬唐繼堯，並討論赦免政治犯及建
築川滇鐵道等各案，又議決例案多件。陳公博、郭復初兩
使來電報告與英首相談話情形，直斥我運用國聯及希望
英、法、俄聯合為不切實際，堪為某一類人作當頭棒喝
也。十二時散會。歸寓小睡，草報告二件，擬辦川財政案
一件，摘呈函電四件。四時卅分到官邸，知委員長病未全
癒，與竺培風略談始歸。閱民意周刊兩冊。傍晚次行來
談，九時始去。十一時寢。

12月25日　星期六　晴

　　晨八時起。連日委員長有小病，次要件均不批閱，
由主管者代為解決之。今日核文電十一件，以二件留待呈
閱，其餘均逕自辦理焉。向午鄧雪冰、邱開基兩君來訪。
雪冰談地方政治改革與後方秩序維持，宜從嚴整紀綱入
手，頗有意參加行政工作。邱君現方參與滇軍抗戰之聯絡
事宜，談滇軍狀況甚詳，並條陳對淪陷地區及戰區後方之
工作要項，為摘呈之。午後續辦文電四件。夜無事，取清
人尺牘讀之。十一時就寢。

12 月 26 日　星期日　陰晴

　　晨八時卅分起。接次行電話,謂張客公兄以中央日報事擬渡江來訪,余以無暇謝之,當約期另談也。十時張渠卿甥來談自身職業問題,剴切指示之。今日汽車夫潘某自長沙來,遞到七弟自金華發一函,言貞社一部書籍已移於南昌矣。午餐後張道藩兄來談,言將有重慶之行,並詳談組織青年之計畫。五時往官邸謁委員長,知熱已略退,胃口不佳,報告要電數件,並請示川財政件,奉面諭如所擬辦理。六時歸寓。夜讀舊書。十一時寢。

12 月 27 日　星期一　陰雨

　　晨八時二十分起。已睡八時餘,尚覺不足,蓋昨晚服安眠藥甚遲也。九時過江,到中行參加常會第卅八次會議。席間除通過川滇路公司組織外,餘時均集中討論德大使提出之備忘錄。蓋日閣二十三日對德方有答覆,措辭蠻橫已極,知其用心極險。十二時散會,與于、居兩先生談青年組織。即與岳軍同度江謁委員長報告各事,即在官邸午餐。餐畢擬致宋子文電。四時始歸寓,道藩兄又來談,並攜來章則綱領等件,五時卅分始去。夜次行來談。十一時寢。

12月28日　星期二　陰

八時卅分起。盥洗畢即闔戶獨坐半小時，乃著手起
草告青年書，至午僅成第一段。思緒拙滯如此，殊出意料
之外。午餐後小睡四十分鐘，起而一氣寫成之，只取達
意，亦不計文之工拙矣。至六時始託稿，交亦僑清繕之。
道藩、希聖來電話，余均未及接談。俞大維署長來談甚
久。夜接八弟自萬縣來電，言本日搭民運輪赴渝，自茲不
致有漂泊異地之苦，為之安慰。又接俞國成函，言北碚房
舍已租定，即覆謝之。並發九號家書由祚轉。夜十時寢。

12月29日　星期三　晴

八時起。九時接電話，往官邸，以昨文呈核並請示
青年團事，且報告兵工方面各事。委員長已起閱公文，然
咳嗽未癒也。十時居、于二院長及王外長來武昌，相偕入
見，討論今後方針。委員長從根本國策上暢論百年利害，
以為今日萬無接受屈服條件之可能，否則精神喪失，即為
永久淪亡矣。三君皆感動。午餐後三君去，岳軍等來見，
與委員長商行政院事，余乃先歸寓。三時周炳琳、張道藩
二君先後來訪，談一小時餘而去。夜劉詠堯來談湘事。九
時再謁委員長承命辦電稿三件。十一時卅分寢。

12月30日　星期四　陰

八時起。傷風益劇，頭痛、齒痛均作，口腔發炎，
精神極萎頓，具書委員長請病假二天，臥床休憩。溯中、

芷町、彝鼎諸君先後來訪，均未及晤談也。向午熱稍退，
覺久臥骨痛甚，乃強起進午餐，然齒痛加劇，幾不能進
食，勉食一小盂，即棄去之。二時官邸諸友為遣毛醫生來
診視。毛醫生為慈谿朱林人，在漢行醫有年，斷為寒包
火，且有濕，處方一劑，即購服之。夜發汗後，似稍癒。
核辦文件二、三件，皆口授學素辦發之。

12 月 31 日　星期五　晴

晨七時醒。昨晚中夜仍有怯寒畏熱之象，朦朧恍
惚，殊難入眠。今晨殊疲倦，且牙痛，左頰雖癒，而右上
頰角之二齒劇痛浮腫，故上午未起床，僵臥呻吟。迫此歲
暮，念國難深重如此，懼怛不可名狀。向午強起，進薄粥
二盂。聞空襲警報，旋即解除。汪先生以電話來，命請示
某項，乃至官邸報告。途中著風，體為之栗。歸寓甫就
睡，又奉召往談。與希聖、伯照談久之。五時卅分。夜核
辦電文六件。十時卅分寢。

民國日記 05

陳布雷從政日記（1937）
The Official Diaries of Chen Pu-lei, 1937

原　　著	陳布雷
總 編 輯	陳新林、呂芳上
執行編輯	林弘毅
封面設計	陳新林
排　　版	溫心忻、盤惠秦

出 版 者　　　開源書局出版有限公司
　　　　　　　香港金鐘夏慤道 18 號海富中心
　　　　　　　1 座 26 樓 06 室
　　　　　　　TEL：+852-35860995

　　　　　　　民國歷史文化學社
　　　　　　　10646 台北市大安區羅斯福路三段
　　　　　　　37 號 7 樓之 1
　　　　　　　TEL：+886-2-2369-6912
　　　　　　　FAX：+886-2-2369-6990

銷 售 處　　　源流成文化 股份有限公司
　　　　　　　10646 台北市大安區羅斯福路三段
　　　　　　　37 號 7 樓之 1
　　　　　　　TEL：+886-2-2369-6912
　　　　　　　FAX：+886-2-2369-6990

初版一刷　　2019 年 8 月 25 日
定　　價　　新台幣 330 元
　　　　　　港 幣 85 元
　　　　　　美 元 12 元
Ｉ Ｓ Ｂ Ｎ　978-988-8637-12-6
印　　刷　　長達印刷有限公司
　　　　　　台北市西園路二段 50 巷 4 弄 21 號
　　　　　　TEL：+886-2-2304-0488